靳诺

/

著

人大学记

一个教育工作者的思考

生活·讀書·新知 三联书店

图书在版编目（CIP）数据

人大学记：一个教育工作者的思考／靳诺著．—北京：
生活·读书·新知三联书店，2021.9
ISBN 978 − 7 − 108 − 07186 − 6

Ⅰ．①人⋯　Ⅱ．①靳⋯　Ⅲ．①教育管理－文集　Ⅳ．① G40-058

中国版本图书馆 CIP 数据核字（2021）第 110573 号

责任编辑　张　璞
装帧设计　康　健
责任校对　龚黔兰
责任印制　宋　家
出版发行　生活·讀書·新知 三联书店
　　　　　（北京市东城区美术馆东街 22 号 100010）
网　　址　www.sdxjpc.com
经　　销　新华书店
印　　刷　北京建宏印刷有限公司
版　　次　2021 年 9 月北京第 1 版
　　　　　2021 年 9 月北京第 1 次印刷
开　　本　880 毫米 × 1230 毫米　1/32　印张 5.75
字　　数　120 千字
印　　数　0,001 − 1,500 册
定　　价　49.00 元
（印装查询：01064002715；邮购查询：01084010542）

目　录

序　一个教育工作者的心曲

德国哲学家卡尔·雅斯贝尔斯对于"什么是教育",曾有一段非常诗意的描述:"教育就是一棵树摇动另一棵树,一朵云推动另一朵云,一个灵魂唤醒另一个灵魂。"对此,我深有同感。

我这一生有两个不解之缘,一个是北京和新疆,一个是教育和大学。

我是北京人,出生在北京,祖祖辈辈都生活在自古以来多慷慨悲歌之士的燕赵大地,爷爷奶奶家就在卢沟桥畔的长辛店。我也是新疆人,因为我的人生启蒙和价值观拔节孕穗期是在新疆度过的。20世纪60年代中期,我随父母入疆,1977年通过高考,离开新疆回到北京。大学四年,毕业留校任教,后调任教育部工作。再后来到新疆履职八年分管教育。2013年从新疆回到北京，组织上安排我来中国人民大学担任党委书记一职。在北京和新疆两地兜兜转转，忙忙碌碌，几十年的岁月倏忽而过，仿佛只是昨天的事。当我认真回顾自己的大半生，发觉 1977 年从新疆大山里走出后，我几乎再没有离开过教育，更没有离开过"大学"。"大学"工作一直占据着我工作的主体，构成了我人生乐章的主旋律，而我自己也乐在其中，醉心于此，并为其倾注了所有的热忱，奉献了自己所有的时间、精力和心血。

回想起来，我和大学之间难解难分的一世情缘，源于一些珍贵的特殊经历。这些经历中的人和事，多少年来经常浮现在我的眼前，出现在我的梦里，一件件往事历历在目，栩栩如生，它们烙在我的心底，给我的人生打上了温暖的底色，并持续地温暖了我的一生。用老百姓质朴的话说，就是我这人命好。这一生遇到了很多支持过我、帮助过我的贵人。他们在我面临人生选择和身处困境的时候向我伸出援助的手。这种被保护被关爱的温热感一直陪伴着我，并激励我把它传递给更多的人。这或许就是我投身教育事业的初心和克服困难不断前进的动力源泉吧。

高 考

1977 年 10 月，当"文革"后首次恢复高考的消息传来时，我正在新疆沙湾县知青农场插队，和几千个知识青年在金沟河大干快上、热火朝天地修水渠。恢复高考的消息传来后，我们异常兴奋，那时距离考试时间只剩下了不到两个月。我至今仍记得我们在农场政工组报名，政工组刘干事用海鸥牌照相机拍一寸照，用来给报考知青办准考证的情景。知青点在大山深处，周围没有学校，我们手头也没有什么复习资料，大家就把家里亲戚朋友寄来的、从广播和报纸上听到看到的觉得有用的信息记录和整理在一起，夜以继日地疯狂传抄。

高考的日子是 1977 年 12 月 10 日至 11 日，考点设在离我们驻地十几公里远的西戈壁公社——当时叫作胜旗公社的一所中学。在那个滴水成冰的冬日，我们把自己全身包裹得严严实实，披星戴月，步行四五个小时去考场。我记得农场食堂特地给我们每人发了四个白面馒头、一疙瘩榨菜，每人还背一个军用水壶。水壶不保温，进了考场，大家就把水壶做上个人标记，放在炉子上。公社中学的教室桌椅都是用土坯搭的，土坯里的草楞子都裸露在外面，桌面坑洼不平，我要用手套把桌面蹭平了，才能把考卷放到上面答题。

那时我在农场担任广播员，兼任不脱产的农场团委副书记。我们另外一个不脱产的团委副书记老余是贫下中农代表，他夫人当时在胜旗公社，后为西戈壁公社书记，家也在公社驻地。高考那两天中午，余书记嘱咐他爱人把我邀请到家里，给我烧一碗汤，把馒头蒸热，让我热热乎乎吃下去，下午精神抖擞地进考场。这次高考我发挥得不错，以每门功课平均96分的高分过线，从几千名知青考生中脱颖而出。我记得那年高考我们山上只有十来个人成绩过线，后来考到北京的有两人。

高考成绩过线的消息传来后，我欣喜若狂，大学校门俨然已经为我敞开，我热切地期待着新生活的开启。可惜接下来的，是接二连三的坏消息和种种不顺利。先是在去沙湾县医院体检的路上撞车了，我头上被划了个不大不小的口子。最难过的是在政审阶段，因为家庭问题，我属于"可以教育好的子女"，没有通过政审，眼看着就要和大学失之交臂。在几乎完全陷于绝望的时候，没想到命运峰回路转，事情竟然有了转机。有好心人出面为我们这些因政审问题而受阻的考生说话，把我最终从"死档堆"里拖了出来——我被录取了，而且还是被北京的一所大学录取了。1989年我调到教育部工作后，从学生司负责人那里了解到当年挽救我们的"好心人"居然是个大人物。

1977年的高考改变了我的命运，成为我人生的转折点和新的起点。在这决定我人生命运的关节点上，能喝到热汤，吃到热馒头，那种热饭吃下后带来的熨帖感、满足感和自信心，多年后还是让我久久回味，留恋不已。离开新疆后，我和余书记夫妇一直保持着联系。2005年我去新疆工作，专门去沙湾县看望他们。当时他们已经搬到县城里居住，他俩像当年一样热情地招待了我。

今天，距离我参加高考已经过去了四十多年。四十多年里，每年一到高考季，我都会回想起当年自己参加高考的情形。胜旗公社中学，即后来的西戈壁公社中学那简陋的教室也经常浮现在我的脑海里。教育部根据新疆实际，确定2010年新疆实现基本普及义务教育、基本扫除文盲的目标。我2005年调任新疆，在政府分管教育，到任后即积极为此努力工作。在为迎接"两基国检"而夜以继日奋战的日子里，西戈壁公社中学那土坯搭建的桌椅，那坑洼不平、撅着草楞子的桌面，总是不时地出现在眼前，刺激着我的神经，帮我一次一次地驱赶走疲累和懈怠，满血复活地重新投入工作。

脸　盆

曾经很长一段时间，几乎所有大学新生报到，行李里通常会有一个崭新的脸盆。而我当年大学报到那天，带的却是一个好几处都掉了瓷的脸盆，在同宿舍一堆簇新的脸盆里显得格外扎眼。大学舍友对我这个脸盆有一点好奇，我自豪地告诉她们，我的这个脸盆承载着一段沉甸甸的姐妹情，它是我们农场姐妹青春友谊的见证。

我在沙湾县农场插队的时候有四个一起上山的好朋友，亲如姐妹，她们被称为我们农场场部的"四丽"——张丽、何莉、田丽、蔡壮丽。1977年恢复高考，当得知我打算报名参加后，她们四个就开始私底下凑钱，为我准备送别的礼物，因为她们打心眼里认为我中学的成绩特别优秀，考上大学是肯定的。

"四丽"经过商量，决定送我一个有帆船图案的脸盆，寓意我的求学之路"一帆风顺"。但是农场小卖部里卖的脸盆只有红双喜、花好月圆之类的图案，于是她们就委托农场的电影放映员小温去县城帮买。小温每个月要到县城取一次片子。

小温去县城两次，都没有找到她们想要的脸盆。后来她看到一个脸盆上有两匹奔马图案，觉得也不错，唯一的缺憾是盆上碰掉了瓷。当时通信不便，小温没法和"四丽"商量，就自作主张把这个脸盆买下来了。回来的路上小温心里一路嘀咕，忐忑不安，担心受埋怨。没想到"四丽"看到脸盆后都高兴地蹦了起来，两匹奔马寓意"马到成功"，这不是更好嘛！

就这样，"马到成功"陪我来到北京。大学四年读书，留校，调动工作，十多年间我搬了好几次家，每次搬家都带着它，尽管它掉瓷越来越严重，已经显得很寒碜了。最后一次搬家的时候，没有留心，不知道被家里什么人给悄悄处理了。

这么多年过去，有时候看见洗脸池，我的眼前还会情不自禁浮现出"马到成功"掉瓷斑驳的样子。在遥远的大西北，那一段青葱岁月里，一个脸盆上凝聚的真挚的姐妹情，让人如此留恋。

在农场准备高考的那段时间，我白天劳动，晚上复习功课。农场晚上供电时间只有一到两个小时，停电的时候，我就只能点油灯看书。那时候很难买到煤油，幸亏好朋友何莉当时在农场开拖拉机，故而能够保证柴油"供应"。

就是在朋友们的关心、鼓励和支持下，我成为一个通过高考改变命运的幸运儿。时光流转，韶华逝去，当年农场姐妹们的深厚情谊和美好的祝愿一直陪伴并温暖着我。直到现在，只要有机会回新疆，我们几个姐妹必然聚在一起热闹一场。

同　学

大学刚入校的时候，我们班有四十多个同学，两三个月后班里又新来了二十多个同学，这些同学普遍比我们年龄大，大部分是拖家带口的。后来才知道他们大都是"文革"前的初中或者高中毕业生，即被人们称为"老三届"的那代人。

这些老大哥老大姐同学给我留下的印象非常深刻。他们普遍阅历丰富，经历坎坷，学习能力强，观察问题、理解问题的高度和深度远远超出我们这般年纪的。他们吃苦耐劳、忍辱负重的精神，豁达透脱的生活态度，尤其是如饥似渴的学习劲头，让我们这些人望尘莫及，只有拼命追赶的份儿。

我的一个舍友，家里上有老下有小，孩子还在上学。大学期间，她经常每天晚上做完作业，还得匆匆忙忙赶回家辅导孩子功课，第二天早晨送完孩子上学，再赶回学校。四年里，她总是骑着自行车行色匆匆。当年我们师范生每人每月有18元的伙食补助，如果饭票吃不完可以兑换现金。就是这18元钱，她每月都能剩下一些，换成现金用来补贴家用。

还有一个男同学，家是北京大兴的。他每周末下午骑自行车回家，周一才回学校，回来以后匆匆忙忙地补当天的笔记和作业，有时候实在来不及了，就和老师说明一下原因，不交作业了。他的学习成绩好得不得了。每次复习考试的时候，他都会辅导同学的功课，据他说在辅导同学功课的过程中自己也在复习。后来我们才知道他每周回家的原因是回去种地。他家孩子多，老婆身体不好，家里没有什么现金收入。有一次他没有如期返校，后来我们了解到，他遇到了一点小麻烦。据知情的同学透露，他每周一都从家里驮一些农产品，沿着来学校路上的胡同小巷叫卖，卖完了正好回到学校。那天他带了一些心里美萝卜，让工商局的人给查了。他拿出学生证和人解释，人家根本不相信。也确实，他穿得邋邋遢遢，留着小寸头，面庞黝黑，活脱脱一个进城农民模样。后来跟学校联系，工商局才相信。有一次我好奇地向他求证是否有此事，他笑一笑，什么都没说。就是这个同学，因为学习成绩优异，毕业时被评为北京市三好学生、优秀毕业生，上学期间还入了党。

班上还有一个老大哥，出身书香门第，上大学前从兵团返城，在街道一个大集体性质的织袜厂工作。他的学习成绩非常好，每天乐呵呵的，对生活特别知足。后来他毕业留校任教了。现在同学们只要回母校，一定会先与他联系。还有一个大姐，她伯父是党的一位高级干部，父亲也是著名的医学专家。大学时她每天天不亮就起来，出去背单词、学英语，她给我们说自己年龄大了，记忆力不好，必须比我们更努力。后来国家选拔公派留学生，她英语考得很好。

大学期间，这些老大哥老大姐同学的学习和奋斗精神深深地感染了我。受他们影响，我大学时也是心无旁骛，排除一切干扰，专心学习。在后来的学习和工作中，每当遇到困难的时候，或遇到矛盾不能平衡自己的时候，我就会自问："我再难有他们难吗？"从这些老大哥老大姐同学身上学到的吃苦耐劳、坚持不放弃的精神，后来成为我一生宝贵的精神财富。

在教育部被提拔为司局级干部以后，我感觉自己理论功底不够，就向部领导提出想学习补课。部领导对我的想法很支持。但是我不可能脱产学习，只能读在职研究生。后来通过考试，进入中国人民大学马克思主义学院攻读博士学位。上学期间，我工作、学习两头忙，焦头烂额，但硬是咬着牙坚持，和全日制的同学一起三年如期毕业。这期间，也产生过打退堂鼓或者申请延期毕业的念头，多少次问自己——"有必要这么拼吗？"这时候 77 级老大哥老大姐们当年艰苦奋斗的形象就会浮现在我的脑海里。我给自己打气："我再难有他们难吗？"

写博士论文期间，我每天背个大公文包，随身带着手提电脑，出差时也带着。只要有一点思路，就赶快记在小纸条或者小卡片上，待时间允许的时候就输入电脑。2001 年"五一"长假，我的博士论文写作进入修改定稿的决战阶段。整个假期我奔波在导师家和书桌之间。老师提出修改意见，我修改誊抄。假期后面几天几乎足不出户，终于如期完成了论文写作，导师和答辩委员会对我的论文都很满意。

有人说，我们这一代人，从某种程度上可以说是社会学意义上的"文物"。本该坐在课堂读书时遇到特殊的历史时期，几乎没有完整地受过小学、中学教育。一旦有了学习机会，废寝忘食，如饥似渴，那种学习劲头是当代年轻人无法相比的。困难和挫折磨练并成就了我们。所以，从教育学的角度看，适度的逆境对于培养和造就人才的作用或许是一个值得研究的课题。

老 师

我这一生遇到过很多好老师，他们是我人生的贵人。一路走来，没有他们的保护和帮助，我走不到今天。

初中时候的班主任、物理老师胡国芳是上海人。"文革"期间，出于家庭原因，我被列为"可以教育好的子女"。尽管学习成绩优异，但周围环境对我很不利，我心里很自卑。胡老师本着有教无类的理念，关心、帮助我。试想一下，一个十三四岁的小女孩，正处在人生最敏感、最脆弱的阶段，胡老师的保护和帮助对于那个年代的我，无异于雪中送炭。后来我回新疆工作，还特意去看望他老人家。

还有一位我初中时候的马健校长，他是从延安出来的老革命。1972年我初中毕业面临着是否能继续升高中的问题。如果升不了高中，就意味着当时就要去插队。何去何从，困扰着我们全家人。那时上高中的名额很紧张，我们家又有特殊的情况，用今天的话讲，只能底线思维。马校长亲自找我母亲，他说，你女儿成绩这么好，应该让她继续上高中。在他的帮助下我终于获得了读高中的机会，因此也才有后来上大学的可能。

我大学时候也遇到了很多好老师。我们当年的系党总支书记老杜是从西藏军区转业的军人，对我这个从边疆考到北京的学生格外关心。党总支副书记赵老师也是师者仁心，给我很多肯定和鼓励。主抓学生工作的副书记刘老师几乎和我们是同龄人，对我们满腔热忱。至今四十多年过去了，我们亦师亦友，经常走动。1979年是我人生中的一个重要年份。一是组织上为我父亲平反，多年来笼罩在我心头的阴霾终于散去，身心变得轻松；二是当年12月，我光荣地加入了中国共产党。

俗话说"人生总有三灾八难"，我在大四就摊上了这么一回。1981年暑假结束，刚开学不久我就莫名其妙地开始发烧，浑身疼，初步诊断是病毒性感冒。在三〇四医院住了三个月，每天两次定时定点发烧，医生查不出病因，一筹莫展。那时老师和同学们经常来看望我。我们系有一位教无机化学的老师施汝谷，是近代中医名家施今墨的儿子。他来医院看我时，给医生提议是否可以试试中药？主治医生因为治疗一直没有效果，也很着急，旋即就请了中医大夫会诊开方。说来也神奇，中药服用当天，就退烧 0.5 度，第二天又降了 1 度，第四天体温就完全正常了。住院期间我的同宿舍好友张芷几乎每天都来看我，给我带来当天上课的笔记，还带来任课老师的课嘱，第二天再来看我时拿走头天的笔记。出院后，各科老师集中给我补课，安排答疑，使我如期参加了毕业考试。因为大学四年成绩优秀，我还被评为北京市优秀毕业生，参加了在人民大会堂召开的首都高校优秀毕业生表彰大会，聆听了彭真等中央领导的讲话。在毕业晚会上，我对老师们和同学们表示感谢，并特别感谢了施汝谷老师。施老师课讲得特别好。他为人谦和，给人君子温润如玉的感觉，和他相处如沐春风。

　　我毕业后投身于教育事业的一个重要原因，就是受这些老师的影响。在我的成长道路上，从老师那里得到了无私的关爱和帮助。我珍惜这种被关爱、被呵护的感觉，也渴望通过自己的双手，把这份爱继续传递下去，这就是我从事教育工作的初心。

父　母

自 20 世纪"文革"后恢复高考，1977 年、1978 年、1979 年、1981 年，我们姐弟四个先后考上大学，在我父母工作的单位，以及居住的铁路局大院，一时传为佳话。"文革"期间学校停办，学生停学，在这种背景下，我们姐弟四个还能坚持不放弃学业，其功劳要归功于我的父母。

我妈妈是 20 世纪 50 年代的师范院校毕业生，是一名教师。当年学校停课的时候，我和三个弟弟，一个上二年级，一个上一年级，还有两个待学。父母担心我们出去惹是生非，就督促我们在家学习，要求我们无必要不出门。回到家里，要么写作业要么读书。妈妈负责教数学，爸爸负责教语文。

我还记得妈妈教我们背乘法口诀，做四则运算，特别是还有讲"追击问题""鸡兔同笼"问题，等等。印象最深的是"鸡兔同笼"。我当时年龄大点，脑瓜更灵光，对于"鸡兔同笼"虽然似懂非懂，不明白解题的具体原理，但是能依葫芦画瓢，解答类似的问题。我弟弟当时一头雾水，死活搞不明白，没少挨骂。现在想来，当年妈妈教给我们最有价值的就是数学的思维方式，帮助我们理解数学是什么。还有她喜欢带着我们用画思维导图的方式复习功课。这两招我后来不仅用于自己的学业中，而且还用到了对我女儿的教育中。由于我和我爱人工作忙，我女儿当年没有上课外奥数班，但是数学成绩一直很好，非常喜欢数学，而且特别会复习。这都得益于她姥姥当年的家传。

爸爸教我们的方式，一个是讲故事，一个是贴简报。当年文化生活很单调，电影只有《苦菜花》《地道战》《平原游击队》等，还有"八大样板戏"。爸爸有时间就给我们讲《伊索寓言》《春秋战国故事》《成语故事》等，我们姐弟听得津津有味。我现在印象最深的是《伊索寓言》里的"狐狸和葡萄"等故事，还有《春秋战国故事》里的"负荆请罪""河伯娶媳"等成语典故。这些故事充满智慧，令人受益匪浅。爸爸还教我们做简报，他先确定一个主题，让我们自己从报纸上搜集相关资料，分门别类整理好。贴简报不是简单地把资料贴在一起就行，还得有构思，有设计。这种学习方法不仅使我自己受用，后来也用到了对女儿的教育中，她也是受益匪浅。

除了在孩子的学习方面用心思，我觉得父母留给我们的最大财富还是做人方面。他们教导我们做事要认真，为人要善良，要有责任感。我大学毕业后留校任教，担任1981级化学系的班主任和辅导员。我班上有一个学生，他父亲从部队转业回湖北，举家南迁之前，来找我，告诉我说他儿子身体不太好，希望我能够给予关照，我一口答应下来。这个学生身体瘦弱，脸色苍白，开学后不久就开始发低烧，校医院诊断为肺结核，送他去温泉的传染病医院治疗。他住院的这一年间，我承担起了家长的职责，经常带同学们去看望他，没时间去的时候就打电话慰问他。后来他休学一年，留到下一级，不再是我班上的学生了，但我还是把关心他视为我的责任。他虽然出院了，但是还需要调养，学校的学生宿舍不具备隔离调养的条件，我就和我的父母亲商量，让这个学生住到我父母家调养。当时我父母已经分别离休、退休，长住北京丰台区的长辛店。那时候我爷爷还健在。对于我的请求，父母亲毫不犹豫，一口答应下来。80多岁的爷爷也特别高兴。这个学生在我家里调养了三个月，直到康复回学校上课。

这个学生性格内向，沉默寡言，后来成长为一名优秀的管理人才。毕业后至今40多年时间了，他仍然经常来看我。我很欣慰，也很感激我的父母当年冒着被感染的风险接纳和照顾我的学生，在关键时刻帮助我信守承诺，落实了一个为人师者的责任。

教育部

在教育部的工作是我迄今45年的工作经历中时间最长的

一段。我在那里经历了五任教育部长和五任主管我工作的副部长。在部里工作的 16 年，是我综合素质和工作能力提升最快、全面受锻炼成长的一段黄金时期。这段时间里发生了很多事情，经历了很多。这里讲讲我在教育部印象最深的几个"第一次"。

第一次参加司务会。我刚调到教育部工作的时候，正是改革开放的初期，社会上各种思潮涌动，人们的思想很活跃。我当时还年轻，正处在人生意气风发的阶段。第一次参加司里例行的司务会，几个处长讲完话后，主持会议的司长点名让新来的我也讲两句。我当时不知深浅，讲了何止是两句，大家静静地听我说完。会后司长说，虽然你的经历很丰富，也很有想法、看法，但是部委的工作有自己的特点和规律，所以要有"板凳坐得三年冷"的精神，多用眼少用嘴，多看少说。我当时感觉很不好意思。后来我慢慢体会到，司长不是让我不说话，而是提醒我要多深入调研，多用脑筋思考，要言之有据，言之有物。这件事情我印象很深。此后我经常提醒自己，凡讲话发言，想好了再张口，工作要扎实，脚踏实地。

第一次到高校参加座谈会。我到教育部工作不久，跟随司长去一所国内知名的大学开座谈会。当时我觉得我们是教育主管部门的，在我眼里，司长已经是了不得的"大官"了。但是走进座谈会现场，司长对每一位老师恭恭敬敬，谦逊温和。

在座谈会上，有的老教授言辞犀利，几乎让人下不来台。但是司长自始至终都对他们很尊敬，谦虚地听他们讲完，回答他们的问题时措辞也非常缜密。这个座谈会给我的印象很深，和我以往对"大官"的印象大相径庭。后来在教育部工作期间，我一直有一种警醒，提示自己以敬畏的态度与学校老师、教育部门工作的同志打交道。调到中国人民大学工作后，在教育部熏陶的这种工作作风，使我非常自然地就融入工作中。

第一次写简报。我在教育部第一次写简报，是随司长、处长们参加一个专题调研后。领导让我写会议纪要。那时没有电脑和打字机，我熬了一个通宵，用800字一页的大稿纸，满满当当写了三整页，自认为写得不错。第二天一大早交给处长。下午快下班的时候，处长招呼我说司长把稿子审改完了，让我拿回来重新誊抄一下。我拿回稿子一看，天哪，满篇花！我是用蓝笔写的，处长用铅笔改，司长用红笔改，满页都是勾勾圈圈，面目全非！一些我认为重要的写得比较精彩的地方，都被划掉了；有些我认为不重要的细节被补充增加了资料，而且结论性的话都是司长写的。司长看见我拿到稿子满脸惊愕的样子，安慰我说，你是第一次写会议纪要，已经相当不错了。之前你的一个同事写的稿子，我只留了一个"的"字，你的稿子留下的字还不少呢，有800字。司长又对我说，写纪要之前一定要明确我们要反映和解决什么问题，要了解之前的工作，特别是政策，对已经有定论的东西没必要再重复，重要的是制定完善一项新政策的依据，要考虑方方面面的接受度、可操作性，要取最大公约数……这些教诲开拓了我的思路，也让我明白了自己的短板和今后努力的方向。

第一次独立撰写调研报告。我在教育部独立承担的第一份调研报告是关于高校青年教师队伍建设方面的。那一次调研，我根据有关精神，独立策划、制订方案、组织队伍，走访了几十所高校，拜访了百余位老、中、青教师和几十位省区教育行政部门的同志，查阅了历史上我们党关于知识分子的政策文件。历时三个月，完成了这份报告。这份3000多字的报告初稿交上去，两三天后，司长把我叫到他的办公室，我一看稿纸，只勾画了几个地方，纸面很干净，我以为领导不满意，要打回去让我重新写。没想到司长非常高兴，表扬了我，还说要把这个报告上报。我当时真有点不敢相信，受宠若惊。这份报告后来以内参的形式内部刊用，多位领导批阅，引起了有关方面的关注和重视。通过这件事，我意识到了深入基层调查研究的价值和意义，从此对自己的工作方法和工作能力也越来越有自信了。

第一份签报。我对自己在教育部写的第一份由部长亲自批阅的签报印象也很深。那次根据部里的工作安排，司长安排我做了一个专项调研，了解下面的一个具体情况。调研后，写了一篇 300 字左右的签报。呈报后，很快签批下来。部长在那份报告上批了一段文字，具体记不清了，但总体印象是对我工作的肯定。文稿中他认为重要的地方还画了波纹线。这说明我抓住了这次任务的核心，写清楚了领导想了解的情况，也意味着我确实进步了，非常开心。这次写签报，印象最深的还有我把"另外"写成了"令外"，部长细心地给我画圈标示了出来。估计当时着急上报，我们处长、司长也没有发现这个错别字。犯了这么一个低级错误，也提醒我以后做事情一定要认真仔细。

后来，还有我第一次组织会议，第一次主持会议，第一次在大会上讲话，第一次参与起草中央文件，等等。有了前面的第一次，后面也就越来越自信，越来越驾轻就熟。我能成长为据说是当时教育部历史上最年轻的女性副司长，再后来到地方分管教育，在大学主持工作，和在教育部的这段工作密不可分，它是我成长道路上一段宝贵的经历。

新　疆

2005 年，组织安排我到新疆工作，分管教育等工作。

我到任后，自治区党委主要领导提出要高度重视并切实抓好职业教育。头三个多月，我把主要精力都放在了基层调研上。通过深入实地调研，意识到新疆发展职业教育，以及培养高素质职业技术人才的重要性，意识到这事关自治区教育结构的短板问题，更事关就业问题，以及自治区的经济发展和社会稳定问题。

由于历史和文化的影响，社会上对于职业教育的认同度比较低。年轻人也不愿意去企业工作，企业高薪招不到合适的技术人才。如何通过顶层设计理顺体制机制，推动政府相关部门加强统筹，高位推动职业教育发展，成为摆在面前的挑战。根据调研掌握的情况，在自治区政府其他领导的支持下，我提出了发展新疆职业教育的基本想法。由于初来乍到，对各方面的人和事都不熟悉，十分忐忑地汇报后，没想到得到了自治区相关领导的认可和支持，为我到自治区的工作开了一个好头。

在我和自治区分管劳动人事工作的负责同志的团结互助和积极推动下，自治区政府成立了职业教育办公室，建立起适应新疆农业、工业、服务业和能源产业发展的四大职教园区，推行"双证制"，通过倡导校企合作办学、整合职教资源等措施，新疆职业教育发展很快有了起色，形成了蓬勃发展的良好势头。

通过加强统筹规划,我们在每个县都设立了职业教育中心,人口多的县有两个,人口少的小县开设职教班,这些教育中心和职教班的课程内容都是紧紧围绕新疆特色产业和经济发展的需要设计的。比如和田的地毯编织、喀什的民族乐器制作等。很多地州还开设了医护训练班等。这些措施在促进就业方面很快就展现出成效,得到了自治区领导和社会的肯定,也进一步坚定了我在新疆干好工作的信心。

在新疆工作期间我还做了老百姓比较满意的一件事情,就是为新疆考生创造更多去内地上大学的机会。新疆地处西北边陲,少数民族学生都希望能有去内地上大学的经历。汉族学生更是如此。当时的内地院校在新疆的招生计划与老百姓的预期差距特别大。每年能到内地上大学的学生很有限,引发了很多矛盾。我感到压力很大。

要从根本上解决这个问题,必须两手抓:一是开源,争取更多的生源计划;二是着力提升区内高教质量。为了开源,我做了两件事:一是利用自己曾在教育部工作的便利,向教育部要政策,主要是针对边境县市守边农牧民子女、守边部队官兵子女、劳模英烈子女等等;二是每年都给教育部部属高校的领导写信,请他们尽量考虑把机动招生计划倾斜新疆。教育部部属七十多所高校,每个学校多调拨几个名额,有的还多调拨几十个，甚至近百个名额，这样加起来的数字就相当可观。这些做法在一定程度上缓解了新疆考生的升学压力，对于促进民族和谐也有益。

有时候我在想，很多事情我可以做，也可以不做，但是我选择了去做，是因为我就是一个通过高考改变自己命运的人，我懂得教育的价值。

读书改变命运。如果当年没有那么多人为我争取或创造上大学的机会，我不可能走到今天。所以当组织上给我机会，让我有能力去帮助更多的人通过读书改变人生，追求更好的生活的时候，我愿意竭尽所能多做一点。我很欣慰自己在教育界工作的这么多年，没有玩忽懈怠，没有遇事推诿，而是一直勤勤恳恳地在做事，能多做一点就多做一点，能做多大贡献就做多大贡献。对我来说，这是爱的回报，是教育的反哺。

中国人民大学

2013 年中央任命我担任中国人民大学党委书记。中国人民大学作为中国共产党亲手创办的第一所新型正规大学，其前身是抗日战争期间诞生于延安的陕北公学，有着光荣的传统和优良的校风，在我国人文社科领域独树一帜。党和国家对中国人民大学寄予厚望。在历次高等教育调整布局中，中国人民大学都是国家重点建设的高校。如今学校已经成为我国人文社会科学发展的重镇，被誉为"人民共和国建设者的摇篮"和中国马克思主义理论研究和教育的高地，在中国共产党的高教史上谱写了辉煌的篇章。来到这个有着光荣历史和优良传统的大学担任党委书记职务，体现了组织对我的信任，我感到了肩头沉甸甸的责任。

在履职人民大学前，我充其量是在办学的观摩席上，任职人民大学以后，我就从观摩者身份变身为操盘手。其中的差别和感喟可谓天壤之别。我的感受主要有四点：

第一，必须清晰工作理念。教育兴则国家兴，教育强则国家强。高等教育是一个国家发展水平和发展潜力的重要标志。在中国人民大学担任党委书记，首先面对的是创"双一流"大学，这使得我必须思考三个问题：中国共产党创办的高等学校能否并如何办成世界一流大学？扎根中国大地办学能否并如何办成世界一流大学？以人文社科为特色的高等学校能否并如何办成世界一流大学？在对这三个问题持续不断的思考和实践过程中，我对于教育和办学的认识也在逐步深化。

第二，必须清晰办学的根本任务。习近平总书记指出："高校只有抓住培养社会主义建设者和接班人这个根本才能办好，才能办出中国特色世界一流大学。"他还说人才培养体系必须立足于培养什么人、怎样培养人这个根本问题来建设，可以借鉴国外有益做法，但必须扎根中国大地办大学。习总书记这番话让我们思考教育"为谁培养人，培养什么人，怎样培养人"的问题。简单地说，坚持马克思主义全方位的指导，扎根中国大地办教育，这就是必须明确的办学方向。中国人民大学在多年的办学实践中，把为党和国家培养"国民表率，社会栋梁"作为自己的办学目标，体现了深沉的责任担当，是党和国家赋予的使命。

第三，必须清晰育人的着眼点。育人的根本在于立德铸魂。中国传统文化一向把"立德"作为人生的最大成功。作为中国传统士人最高的价值追求，在几千年的历史长河中，"立德"曾经激励着无数的民族先进分子或挺身保家卫国，或仗义为黎民请命，或登高振臂而呼，或胼手胝足而行。宋代张载"为天地立心，为生民立命，为往圣继绝学，为万世开太平"的理想，集中表达了中国传统士人刚健有为、自强不息、志存高远、奉献国家和人民的赤子情怀。中国人民大学从延安时期的陕北公学，到华北联大、华北大学，一路走到北京，与党和国家风雨同舟，同呼吸共命运，无论办学条件如何变化，"立学为民，治学报国"的宗旨一直得到秉持，在育人中得到坚守。

第四，必须清晰工作的着力点。中国人民大学的校训是"实事求是"。学校以人文社科为其特色，几乎所有的学科都涉及价值取向，所有的社会科学都涉及经济社会发展问题。育人的抓手千头万绪，唯一不可脱离经济社会发展的实际。办学八十余年，学校积淀了非常好的老、中、青结合的教师队伍，他们求真理，入主流，做贡献，"立学为民，治学报国"，坚持把论文写在中国大地上。无论是育人还是咨政，都坚持"实事求是"的校训，为立德树人明确了工作的着力点。

我自己是从基层一路走来的，有着很深的基层情结。大学属于上层建筑，但办教育眼睛要向下看，扎根中国大地办教育，勉励青年学子把论文写在祖国大地上。鼓励青年学子深入基层，深入实际，培养与人民群众的感情，从人民群众中汲取力量和智慧。这是教育工作者的责任。

作为实践课，中国人民大学自2012年开始开展"千人百村"社会调研活动，每年组织1000余名师生利用暑假时间，围绕中国农村经济社会与文化发展的重大现实问题，以田野调查和农户社会调查为主要形式，深入全国范围内经科学抽样产生的行政村开展系统、规范的社会调研活动。进村入户，了解农业生产、农民生活、农村社会管理方面的基本情况，对促进青年学生了解农村、了解社会、了解中国，把论文写在中国大地上十分有意义。后来，随着中国进入新时代，学校又拓展社会实践的形式，延伸开展"读懂中国""街巷中国"主题调研，组织青年教师下基层，海外青年教师下沉企业、事业单位挂职等等。在担任中国人民大学党委书记期间，每年暑假我都会和班子成员去看望参加"千人百村"等社会调研的师生。每年的开学和毕业典礼，也会把杰出的基层校友请回来，让他们讲讲自己在基层的经历和收获。

我相信，实践感受、基层经历有助于培养青年学生和人民群众的朴素感情，培养学生深厚的家国情怀，这份感情和情怀会成为激励他们日后奋发向上、自强不息、奉献国家和人民的不竭动力。

写到这里，我又想起了雅斯贝尔斯那段诗意的描述："教育就是一棵树摇动另一棵树，一朵云推动另一朵云，一个灵魂唤醒另一个灵魂。"作为一棵被摇动的树、一朵被推动的云、一个被唤醒的灵魂，可以说我自己数十年来也在努力去摇动、去推动、去唤醒，并在这条路上一路风尘，甘之如饴。

是为序。

靳　诺

2020 年 9 月 14 日

辑　一

大学与人生

用梦想激励青年，用奋斗引导青年[1]

　　习近平总书记"五四"重要讲话思想深刻、内涵丰富、语重心长、情真意切，深刻揭示了党与青年、国家民族与青年的关系，指明了当代青年肩负的历史责任，并对全国广大青年提出了五点殷切期望，为当代青年健康成长、投身实现中国梦伟大实践指明了方向。我们要深入学习，深刻把握习近平总书记讲话的丰富内涵和精神实质，把思想和行动统一到中央对青年一代的希望和要求上来，用中国梦夯实青年学生的共同思想基础，用中国梦激发青年学生的历史责任感，引导青年学生为实现中国梦、青春梦而努力学习，奋斗。

---

〔1〕　本文发表于 2013 年 5 月 4 日习近平总书记同各界优秀青年代表座谈并发表讲话后。

第一，用梦想把国家与个人联系起来，以中国梦激励青春梦

梦想是人类独有的精神追求，人类的历史就是一个为实现梦想而不断奋斗的过程。失去了梦想的民族，是一个没有希望和未来的民族，失去了梦想的人生，是灰暗沉闷的人生。青春是最美好、最具激情的年华，青年大学生应当是有朝气、最富有梦想的群体。但在现实中，由于拜金主义、享乐主义、极端个人主义等思潮对大学校园的侵蚀，对青年大学生产生了消极影响，造成一些青年大学生理想彷徨、信仰迷失，失去了追求梦想的信心，失去了为梦想而奋斗的动力。所以，加强青年大学生的理想信念教育极为重要。要教育引导青年大学生树立远大理想，敢于有梦，勇于追梦，勤于圆梦，把理想信念建立在对科学理论的理性认同上，建立在对历史规律的正确认识上，建立在对基本国情的准确把握上，以中国梦激励青春梦，把个人的梦想融入国家的梦想之中，融入祖国和民族的发展之中，勇敢地肩负起时代赋予的光荣使命。

第二，用梦想把学校和学生联系起来，以人大梦助推青春梦

青年是祖国的未来、民族的希望，青年兴则国家兴，青年强则国家强。教育青年、帮助青年、为青年提供成长成才的平台和条件是大学最根本的任务。中国人民大学作为中国共产党创办的第一所新型大学，在长期的办学与探索过程中，始终坚持"立学为民、治学报国"的办学宗旨，牢记党和国家的重托，不负人民的期望，培养了一大批人民共和国高素质的建设者和各行各业的领军人才。目前，正致力于实现"人民满意、世界一流"大学的人大梦。人大梦的核心就是要为青年学生的成长成才创造更好的平台和条件，就是要为国家培养更多优秀的杰出人才。人大梦与青春梦是一致的。要在实现人大梦的进程中，从党和国家事业的高度，更加重视学生工作，更加关心学生成长，坚持立德树人、教书育人，为学生实现青春梦助力，为学生驰骋思想打开更浩瀚的天空，为学生实践创新搭建更广阔的舞台，为学生塑造人生提供更丰富的机会，为学生建功立业创造更有利的条件。

第三，用奋斗把梦想与现实连接起来，引导青年大学生努力提升实现梦想的能力

一个人要有点梦想并不难，难的是还要有实现梦想的能力和本领。没有能力，没有本领，梦想只能是空想。所以，习近平总书记在讲话中殷切希望广大青年要练就过硬本领，勇于创新创造，锤炼高尚品格，才能肩负起时代赋予的重任。学校要教育引导青年学生把学习作为主要的任务，树立梦想从学习开始、事业靠本领成就的观念，增强知识更新的紧迫感，如饥似渴地学习，不断提高与时代发展和事业要求相适应的素质和能力。要教育引导青年学生深入基层、深入群众、深入西部、深入农村、深入一线，坚持学以致用，将书本知识与基层经验结合起来，将扎实的学问和厚实的见识结合起来，将理论学习与实践探索结合起来。要加强创新创业教育和训练，教育引导青年学生有敢为人先的锐气，有超越前人的雄心壮志，有逢山开路、遇河架桥的意志。要教育引导青年学生自觉树立和践行社会主义核心价值观，加强思想道德修养，弘扬爱国主义、集体主义、社会主义思想，保持积极的人生态度、良好的道德品质、健康的生活情趣，积极参加志愿服务，主动承担社会责任，热诚关爱他人，多做扶贫济困、扶弱助残的实事好事，以

实际行动促进社会进步。

第四，用奋斗把现在与未来连接起来，引导青年大学生为实现梦想而努力奋斗

"宝剑锋从磨砺出，梅花香自苦寒来。"习近平总书记在讲话中，有13处提到"奋斗"。奋斗是实现梦想的必备条件，是连接现在与未来的桥梁。只会做梦，没有奋斗，是痴人说梦；只有付出辛勤的汗水、艰辛的努力，才能把梦想变成现实，才能走向美好的未来。实践证明，任何美好的理想，都不可能唾手可得，都离不开筚路蓝缕、手胼足胝的艰苦奋斗。当前，中国已经进入全面建成小康社会的新阶段，国家的经济实力有了很大增长，人民的生活水平有了很大提高，但无论是实现国家的梦想还是个人的梦想都依然需要艰苦奋斗。现在的物质生活条件好了，但青年学生普遍缺乏艰苦奋斗的精神，怕吃苦，经不起挫折。这就要求高校更加重视艰苦奋斗教育。要教育引导青年大学生不怕困难，勇于到条件艰苦的基层、国家建设的一线、项目攻关的前沿，经受锻炼，增长才干，历练宠辱不惊的心理素质，坚定百折不挠的进取意志。总之，青年大学生只有坚定理想信念，练就过硬本领，勇于创新创造，矢志艰苦奋斗，锤炼高尚品格，才能成为可堪大用且能担重任的栋梁之材。

（原载《中国教育报》，2013 年 5 月 13 日）

在大学最美好年华找寻人生答案

亲爱的 2018 级新生同学们，各位老师、各位家长、各位来宾：

大家好！金秋九月，我们迎来了收获的季节，又一批青年学子从五湖四海、四面八方汇聚在中国人民大学这方精致的校园。在此，我首先代表学校，向全体 2018 级新生表示热烈的欢迎！向含辛茹苦养育你们的父母表示衷心的感谢！

同学们，看到你们充满朝气的脸庞，我们由衷感到"得天下英才而教育之"的喜悦。你们是人民大学迎来的第一批"00 后"，更是党的十九大召开、人民大学 80 周年校庆之后入校的第一批大学生。去年 10 月 3 日，中国人民大学作为我们党创办的第一所新型正规大学，迎来了 80 岁华诞。习近平总书记专门发来贺信，高度评价了人民大学建校 80 年来取得的突出成绩，并对学校扎根中国大地办大学，努力建设世界一流大学和一流学科提出了明确的要求和殷切的期望。当迈入新时代的中国特色社会主义和进入"双一流"建设新阶段的中国人民大学，在"强国一代"的你们身上形成一道美丽的交汇，这既是一种缘分，更是一份期待。

今天是开学典礼，也是大家的"开学第一课"。按照教育部关于上好"开学第一课"的要求，我和刘伟校长做了分工，他在博士新生暨新博导大会上讲"第一课"，我借今天开学典礼的机会，为大家即将展开的大学生活做一个领读。

刚才，刘守英教授、车宗凯同学、姚宇奇同学、李春晖家长、邵志豪校长分别作为各方面代表做了非常精彩的发言，对同学们寄予美好的祝福和期望。正如他们所表达的，同学们最美好的年华将在人民大学度过。而最美好的年华，不仅仅指物质生活的美好，更是精神生活的美好。在刚刚闭幕的全国教育大会上，习近平总书记发表了重要讲话，就教育的战略性、全局性、关键性重大问题做了深入的阐述，特别指出"培养什么人，是教育的首要问题"，深刻揭示了教育的本质，明确了学校的根本任务。对于学校来讲，就是要回答"培养什么样的人、怎样培养人、为谁培养人"，对同学们来说，就是要回答"人生应该对谁用情、在哪儿用力、如何用心、成为什么样的人"。今天，试围绕"培养什么样的人"这一教育首要问题，从这几个"人生之问"出发，和同学们交流如何度过大学最美好的年华。

第一，思考"人生之问"，要在人大的光荣历史中找寻"对谁用情"的答案，践行"立学为民、治学报国"的精神

回顾中国近现代高等教育发展的历程，有两条脉络：一条是近代以来受西方列强坚船利炮和科技发展冲击而建立起来的新式学堂，如北洋大学堂、京师大学堂、南洋大学堂等；另一条是中国共产党在革命战争年代创办的抗日军政大学、陕北公学等一批具有红色基因的新型大学。正是这两大源流，汇集发展形成今天中国高等教育的体系与格局。中国人民大学是由中国共产党创办的第一所新型正规大学，有着鲜明的红色基因和精神底色。

今年是中国改革开放 40 年，也是中国人民大学复校 40 周年，这是中国高等教育的源流同当代中国发展洪流的一次交汇。这个交汇绝不是时间的巧合，而是中国人民大学"始终与党和国家同呼吸共命运"的最好注脚。中国人民大学在挽救民族危亡的抗日烽火中诞生，在百废待兴的新中国建设中成长，在"文革"的艰苦岁月中磨砺，在改革开放的大潮中新生，在新世纪的征程中腾飞，学校 80 多年的发展与奋斗史，正是中国共产党筚路蓝缕、扎根中国大地、创办新型高等教育的真实写照和光辉典范。在新中国高等教育发展史上，中国人民大学就是这样一所大学——她的命运与党史、国史、改革开放史以及马克思主义中国化的进程始终紧密相连。

我们常说"陪伴是最长情的告白"，以"立学为民、治学报国"为办学宗旨的中国人民大学，80 余年的荣辱与共，深情回答了中国共产党为什么用"中国人民大学"为我们命名。这里向同学们讲一位老师的故事。今年暑假，我和学校的老师们，特别是青年教师参加调研团，一同到浙江湖州，参观学校教师吴宝康事迹陈列馆，深受感动。吴宝康老师为新中国档案事业奠定了坚实基础，堪称中国档案教育和档案学史上的一座丰碑，国家档案局、中央档案馆的成立都凝聚着吴宝康老师的心血。1952 年，吴宝康老师带着一纸调令从中共中央办公厅来到中国人民大学创办档案教育，从无到有，从小到大，无怨无悔，为开创新中国的档案教育和研究事业奉献了毕生精力。2000 年，吴宝康老师在病床上让大女儿执笔记录，给中共中央组织部写了一封信，信中说："自中央组织部调我来京，至今已经整整五十年。半个世纪以来，我铭记党组织交给我的任务，创办新中国档案高等教育事业。几十年呕心沥血，排除万难，终于为档案高等教育和国家档案事业发展打下了一定的基础。作为一个老党员老干部，我想，我现在可以向中央汇报工作了。"吴宝康老师身上体现出来的这种忠诚与担当、使命与责任，是每一个人大人宝贵的精神财富。习近平总书记 5 月 2 日在北京大学与师生座谈时对青年学生提出"爱国、励志、求真、力行"的殷切期望，首要的一点就是"要爱国，忠于祖国，忠于人民"。对人大人而言，国家的召唤、民族的需要就应该是我们的追求，这是对"立学为民、治学报国"八个字最好的阐释。

同学们，一所大学文化的精髓与核心，既存在于昨天的历史，又深刻影响着今天的每一位师生，更在面向未来的道路上被一代代人大人接续传承、发扬光大。今天，你们成为新一批人大人，当你们思考人生应当"对谁用情"这个问题时，请想一想我们光荣而响亮的校名，想一想吴玉章、成仿吾、郭影秋、张腾霄等老一辈革命家、教育家，想一想范文澜、艾思奇、何思敬、何干之、宋涛等老一辈思想家、理论家、教育家，想一想那些把一生奉献给国家、奉献给人民的人大人，他们身上折射着我们共同的精神底色。

第二，思考"人生之问"，要在时代的广阔舞台上找寻"在哪儿用力"的答案，保持"始终奋进在时代前列"的姿态

去年 80 周年校庆之际，在征求广大师生和校友意见的基础上，学校将校庆主题确定为"始终奋进在时代前列"。可以说，中国人民大学的发展历史，就是一部中国共产党人、爱国知识分子倾心奉献的奋斗史，集中体现了人大人"始终奋进在时代前列"的独特精神。同学们在阅读校史时就会发现，自学校诞生之日起，每逢中国共产党命运攸关的重大关口和共和国建设发展改革的重要节点，总有人大人挺身而出、尽心竭力。从革命战争年代艾思奇的《大众哲学》，到和平建设年代的新中国第一部中国人自己编写的《辩证唯物论》《政治经济学教程》教材；从胡福明校友撰写《实践是检验真理的唯一标准》一文引发全国范围内真理标准大讨论，到陈锡添校友撰写长篇通讯《东方风来满眼春》标注改革开放新征程，一代代人大人"始终奋进在时代前列"，为中国革命、建设和改革事业做出了巨大的贡献。

一代人有一代人的际遇，一代人有一代人的奋斗。历史车轮滚滚向前，时代潮流浩浩荡荡。今天，中国特色社会主义进入新时代，中华民族迎来了"从站起来、富起来到强起来"的伟大飞跃，面临的既是近代以来中华民族发展的最好时代，也是实现中华民族伟大复兴的最关键时期。党的十九大提出，到2020年全面建成小康社会，到2035年基本实现社会主义现代化，到本世纪中叶把我国建设成富强民主文明和谐美丽的社会主义现代化强国。这一历程跨越30多年，等到实现这一目标的时候，真正的见证者，可能就是各位同学。作为"强国一代"的你们，人生黄金期同"两个一百年"奋斗目标的轨迹高度吻合，这就叫生逢其时、重任在肩、大有可为。

同学们中有不少是"00后"，出生在新世纪，从小在不愁吃穿的环境中长大，很少有人经历过生死存亡的磨难、经受过血与火的考验、遭遇过艰难困苦的历练，人生阅历有限。当面对学习的压力、竞争的焦虑、成功的渴望、现实的"骨感"以及各种各样的诱惑时，同学们的内心容易拥堵困惑。实际上，没有哪一代人的青春是容易的。吃苦的过程，正是锤炼品格、磨砺心智、丰盈内心的过程，如果遇到困难就害怕、遇到问题就逃避、遇到挫折就退缩，那就难以担当大任。习近平总书记希望同学们"要励志，立鸿鹄志，做奋斗者"，这是因为中华民族伟大复兴，绝不是轻轻松松、敲锣打鼓就能实现的，必须准备付出更为艰巨、更为艰苦的努力。新时代是奋斗者的时代，奋斗精神是时代新人的重要标志。作为中国人民大学的学生，希望大家千万不要因为一时失意而灰心丧志，不要因为身处逆境而放弃前行，要做一个心中始终充满阳光的人，始终保持奋进姿态和蓬勃朝气，像学校"求是"楼前的爬山虎一样，向着目标不断攀岩，把充满希望的绿色铺满新时代的成长舞台，努力成为担当民族复兴大任的时代新人，"始终奋进在时代前列"。

第三，思考"人生之问"，要在青春的宝贵时光里找寻"如何用心"的答案，练就"国民表率、社会栋梁"的本领

除了"爱国"和"励志"，"求真"与"力行"也是"时代新人"的必修课，要政治过硬、本领高强。正如习近平总书记指出的"知识是每个人成才的基石，在学习阶段一定要把基石打深、打牢"，"求真学问、练真本领"。同学们四年的大学时光看起来时间很长，1460多天，其实很短暂。今年，学校为所有新同学制作了一本《时间管理手册》，目的就是告诉大家要珍惜大好学习时光，抓紧一切机会学习知识、锤炼本领，求真理、悟道理、明事理。

当今时代，知识更新加速，科技迅猛发展，教学与研究、课堂与生活、老师与学生等高等教育的核心元素及其之间的相互关系面临深刻变化。"凡益之道，与时偕行"，面对机遇和挑战，一所优秀的大学，我们的老师、同学，包括学校的管理者，都应该把"本领恐慌"转化成抓学习、勤学习、善学习的内生动力。一方面要把注意力"举"高一点，不能满足于碎片化的信息、快餐化的知识，主动放下手机、拿起书本，阅读那些经过历史长河大浪淘沙出的名家经典，多一点"咀嚼"大部头的"坚硬阅读"，保持读书的专注，为自己搭建一间"腹有诗书气自华"的精神书屋。另一方面要把好奇心"举"高一点，不能被"算法"俘虏，要注重养成"多走一步""多问一句""多想一层"的习惯，仔细体悟著名学者梁漱溟先生曾提出的"形成主见、看出问题、虚心求解、知不足、以简驭繁、运用自如、一览众山小、通透"等思维能力的八层境界，感受深度思考的乐趣，使时代新知与创新活力内化为大家成长成才的核心竞争力。

同学们要"知行合一、以知促行、以行求知"。学到的东西，不能停留在书本上，不能只装在脑袋里，应该落实到行动上。人民大学的校训是"实事求是"，学校历来十分注重开展社会实践活动，有注重理论联系实际的优良传统。今年4月起，为纪念改革开放40周年和人大复校40周年，学校组织了"追寻改革的足迹"主题活动，几十支社会实践团队分赴深圳、上海、安徽、福建、浙江等改革开放的标志性地区开展学习调研，追寻改革历程，感悟发展成就，增强开放信心。大家在学校学习生活的几年中，像这样的机会很多，希望大家能够充分利用学校搭建的各种实践平台，在精神的沃土中汲取前人的刚强意志，在帮贫扶弱的志愿服务中感悟生命的强大力量，在脚踏实地的实践磨砺中涵养成长的底气，在行走中观察，在观察中思考，在思考中记录，不断增强自己的脚力、眼力、脑力、笔力，练就"国民表率、社会栋梁"的本领。

同学们，"时间是人类发展的空间"，今天既是大家"人大时间"的开端，也是大家"青春主场"的新起点，希望你们在大学最美好的年华，多在坚定理想信念上下功夫，多在厚植爱国主义情怀上下功夫，多在加强品德修养上下功夫，多在增长知识见识上下功夫，多在培养奋斗精神上下功夫，多在增强综合素质上下功夫，永远记住这踮着脚尖、眺望远方的姿态，用自己的一生来回答"对谁用情、在哪儿用力、如何用心"的"人生之问"，做一个大写的人大人，立志肩负起民族复兴的时代重任！

最后，祝大家拥有温暖而充实的大学时光！谢谢大家。

（原载人民网，2018 年 9 月 12 日）

引领青年扣好人生第一粒扣子

培养什么人、怎样培养人，始终是高校面临的一个重大时代课题。当前世界范围内的思想文化交流、交融、交锋更加频繁，思想意识更加多元、多样、多变，引导青年积极培育和践行在中国大地上形成和发展起来的社会主义核心价值观，在时代大潮中建功立业，成就自己的宝贵人生，是高校面临的重要任务和崇高使命。中国人民大学党委深入学习贯彻党的十八大精神和习近平总书记系列重要讲话精神，坚持立德树人，注重引领思想、创新党建、教师示范，把社会主义核心价值观融入教书育人全过程，引领青年扣好人生第一粒扣子，取得重要进展和明显成效。

引领思想：信仰凝聚在核心价值观的旗帜下

社会主义核心价值观是马克思主义中国化的重大理论成果，是马克思主义基本原理的重要组成部分，是我党凝聚全党全社会价值共识做出的重要论断。青年作为思维活跃、富于创新的群体，对社会主义核心价值观所蕴含的理论热情、信仰认同、理想情怀，离不开马克思主义的理论基础和方法指南。中国人民大学是国内外公认的教授、研究、传播马克思主义理论的重要阵地，高度重视以社会主义核心价值观为内核、灵魂和主线，统领思想政治理论课，融入马克思主义教学与研究，让社会主义核心价值观进教材、进课堂、进头脑，引领青年坚定政治信仰和理想信念。

融入课堂，不断完善思想政治理论课程体系，进一步凝练方向、优化结构、提升质量。高校思想政治理论课程的主要任务是讲授马克思的世界观和方法论，帮助学生掌握人类社会发展规律，确立社会主义理想信念，树立科学的世界观和方法论。社会主义核心价值观层次丰富、内涵厚重，单独某一个学科的课程不能完全达到教育目的。学校全方位构建社会主义核心价值观的课程体系，在原有四门思想政治理论必修课程之外，按照"必修课程与选修课程相结合、课程教学与自选讲座相结合、思政教育与专业教育相结合、课内学习与课外实践相结合"的思路，把社会主义核心价值观融入全校各院系各专业本科生到博士生的培养方案，引领青年打牢马克思主义世界观和方法论的基本功底，坚守马克思主义的科学信仰和价值追求。

融入成果，不断加强社会主义核心价值观理论研究，推动学术交流，促进科研创新。目前社会主义核心价值观研究在注重体现中国特色社会主义事业价值追求的基础上，向系统化、大众化、科学化的方向逐步推进，呈现出理论与实践互动、培育与践行互进的鲜明特点。中国人民大学作为先进文化弘扬传播的高地和多元思想文化交流、交融、交锋的前沿阵地，承担着推进马克思主义中国化、时代化、大众化的重要职责，承担着深入研究、凝练和概括社会主义核心价值观的重要使命。学校加强"中华优秀传统文化传承与社会主义核心价值观培育"重大课题的研究工作，集中组织哲学社会科学领域的专家学者对社会主义核心价值观的重大意义、文化渊源、本质属性、科学内涵等进行深入研究，取得一批重要成果。学校启动马克思主义理论学科及相关学科建设情况调研工作，举办"思想政治教育学科设立 30 周年学术研讨会"、北京高校思想政治理论课培育和践行社会主义核心价值观专题教学论坛，深入研究思想政治理论课教育教学中的重点难点问题。

融入阅读，通过课内、课外有效衔接的系列教育活动，引导同学们"触摸经典"。经典书籍蕴含中华优秀传统文化的深厚底蕴，承接人类文明优秀成果的精华，是被人们公认的、具有典范性和权威性的思想文本。在对经典的敬畏、对历史的记忆中匡正价值判断、明确价值取向，培养学生的哲学思维和历史思维，使社会主义核心价值观成为当代青年普遍认同和践行的基本理念和价值原则。学校启动"本科人才培养路线图"，通过"读史读经典"项目定期举办马克思主义经典研习会、"社会主义核心价值观"主题阅读活动，通过课内外结合、教师指导和朋辈互助结合等方式，带领学生进行深入系统的学习。

创新党建：核心价值观嵌入青年的日常生活

引领青年学生树立社会主义核心价值观，须体察青年心、善解青年意，从顺乎青年需求、解除青年忧虑上发力。中国人民大学充分发挥学生党员的主体作用，不断加强和改进学生党建工作，让社会主义核心价值观嵌入学生的日常生活，取得显著成效。

创新组织设置，充分发挥基层党组织的战斗堡垒作用。

中国人民大学学生党员大部分是"90 后"一代，成长环境和教育背景使其更加个性化，更加富有创造力，也更加希望有独立施展才华的空间。学校党委在经济学院、信息学院、财政金融学院三个学院成立学生党总支，由学院党委直接领导。学生党总支自行负责具体事务，将学生党员"重新组织起来"，既充分调动了学生党员的积极性、主动性，扩大了基层党建骨干队伍，又让学生基层党组织能够结合各自学科特点、专业优势，有针对性地开展形式新颖、内容丰富的基层党组织活动。学校党委还将党建思想政治工作延伸到中外联合培养项目中，苏州校区中法学院成立旅法学生党支部，定期组织在法国学习的学生党员开展理论学习和集体活动。学校党委在部分学院探索成立二级关工委，以党校、党课、辅导员工作为阵地，建立学生党员与离退休老党员之间的联系，每年新生入校时举行座谈交流，在重大节日组织新党员代表向老党员献花致敬活动，全面推进学生思想政治教育工作。

创新工作机制，充分发挥学生党员的先锋模范作用。只有融入实际、融入生活，价值观才会发生作用。融入的程度，反映着工作的力度和深度。学校把弘扬社会主义核心价值观与学生党员的先锋示范作用结合起来，在落细、落小、落实上下功夫。启动"红船领航"新生党员先进性熔铸计划，全面构建新生党员教育模块，引导新生党员自觉发挥党员的先锋模范作用。把第一课堂和第二课堂统筹起来，以新颖亲切、乐于参与的方式，依托新媒体把核心价值观渗透到校园生活的方方面面，推动学生党员志愿实践服务常态化。通过开展"三亮三评比"活动，学生党员"亮标准、亮身份、亮承诺"，在宿舍、教室、班级设立"学生党员先锋岗"，争做"学术实践先锋""品行道德先锋""志愿服务先锋"，引导青年学生在服务他人中升华对社会主义核心价值观的体验感受和认知理解。

创新活动载体，充分发挥社会实践的历练养成作用。社会实践是社会主义核心价值观教育的生动形式，是当代大学生历练、养成核心价值观的重要途径。实践可使他们增强真的学问、真的本事、真的情怀，同时增强社会责任感和历史使命感。近年来，学校逐步形成了社会实践活动的"时间、地点、学院、学生"全覆盖工作体系，即所有学院、全部类别的学生在全年各时段均可申请并开展社会实践。从2012年起，学校连续三年开展"千人百村"社会调研活动，每年利用暑假派出数百支团队、数千名学生奔赴全国一百多个自然行政村，围绕农村教育、能源消费、养老、土地权益、公共文化服务、基层民主开展问卷调查和田野观察，在实践中发出时代的"青年好声音"，受到广泛好评。2014年7月，"千人百村"社会调研活动荣获北京高校 2012—2013 年党的建设和思想政治工作优秀成果一等奖。

教师示范：培育青年核心价值观的"筑梦人"

如何在新形势下培养打造一支有理想信念、有道德情操、有扎实学识、有仁爱之心的高素质专业化教师队伍，引领青年培育和践行社会主义核心价值观，用"中国梦"筑牢青年的爱党爱国之心，用"青春梦"激发青年的成才报国之志，培养社会主义事业的建设者和接班人，也是学校近年思考和实践的重要课题。

坚持师德为先，引导教师甘当人梯，以人格魅力、学识风范教育感染学生。师德是社会良心的重要标志，师风是社会风气的重要标杆。社会主义核心价值观是新时期师德精神的灵魂，是为人师表的集中体现。学校高度重视规章制度建设，制定并实施了《中国人民大学关于加强教师队伍管理、规范教师履行职责的规定》，把遵守师德规范纳入学校教育教学重大环节的管理过程，并作为人才引进、评奖评优、职称职级晋升的重要指标，建立健全师德建设长效机制。学校把教师人才队伍建设摆在突出位置，高度重视思想品德课、哲学社会科学学科教师、辅导员和班主任队伍建设，形成了一支师德高尚、业务精湛、结构合理、充满活力的师资队伍，形成了践行社会主义核心价值观、弘扬高尚师德的浓厚氛围。

坚持教学为要，推动教师更新教育观念，掌握先进教学方式，提高教学能力。课堂是否受欢迎，关键看教师，看教师能不能给学生一种理论思维，一种观察社会的基本立场、观点和方法，而不是概念、原则和结论。不重视理论思辨，不愿接受"灌输式"的教学和宣传，是当下大学生的普遍特点。学校鼓励不同学科的教师发挥独特优势，转变教育理念、教育方式和方法，善挖掘、巧引导、重身教，找准课程资源中核心价值观的培育点，通过身边的动人故事、感人场景融入教学，唤起学生的心灵共鸣，激发学生的理论兴趣与价值追求内驱力，通过自身的反思和探索形成认同，从而使社会主义核心价值观扎根于学生心底。

坚持实践为基，鼓励教师在实践中检验理论，在广袤大地上廓清迷雾，抓住奋斗的关键。实践是价值观生成、发展和实现的根基。核心价值观的培育固然需要知识的支撑，但更重要的是实践的积累、体验与反思。通过在实践中检验理论，拓展教师的课程观、学生观和评价观，从而提高师德践行能力。学校启动了"百名海归挂职计划"，两批60名海外留学归国教师被派往 42 个合作单位，分别以联合培养博士后、挂职行政岗位、受聘经济学家或研究员等形式开展实践锻炼。在开展党的群众路线教育实践活动过程中，学校党委利用本校设在陕西延安、河北正定的校史教育基地开展青年教师党史、国史、校史教育，把社会主义核心价值观教育融入"教育"与"实践"双向促进的过程，用社会主义核心价值观构筑教师职业道德的核心基石。

中国人民大学的校训是"实事求是"，这是中国人民大学走过革命岁月，始终追求真理，与党和国家同呼吸、共命运的真实写照，是人大的精神特质与社会主义核心价值观的同频共振、互通共融。今天，这所中国共产党亲手创办的第一所新型正规大学，正以"求人民之是，求社会之是，求国家和民族之是"的价值追求，引领更多青年投身中国特色社会主义事业的时代洪流，为实现中华民族伟大复兴的中国梦而努力奋斗。

（原载《思想政治工作研究》2015 年第 3 期）

高校人才培养的核心问题

2018 年全国教育大会是中国特色社会主义进入新时代召开的第一次教育大会,是我国教育发展史上新的里程碑。习近平总书记在会上发表的重要讲话,站在党和国家事业发展全局的战略高度,深刻回答了"培养什么人、怎样培养人、为谁培养人"这一根本问题,特别强调了坚持走中国特色社会主义教育发展道路的重要性,提出构建德智体美劳全面培养的教育体系和更高水平的人才培养体系的战略任务,是指导新时代教育改革发展的纲领性文献,也为高等教育发展指明了方向。

准确把握中国特色社会主义大学发展道路的内涵和特征

举旗方能定向,道路问题事关中国特色社会主义教育事业的兴衰成败。中国特色社会主义大学发展道路，是中国特色社会主义教育发展道路的生动实践。在革命、建设、改革的不同历史时期，我们党根据社会主要矛盾的变化和工作重心的转移不断推进高等教育发展的与时俱进，逐渐探索出一条适合中国国情的大学发展道路。早在革命年代，我们党就十分重视高等教育的发展。作为中国共产党创办的第一所新型正规大学，中国人民大学从陕北公学时期开始就提出了"七分政治，三分军事"的办学原则，并创造性地实行了"党组领导下的校长负责制"的领导体制，初步建立了思想政治工作体系。新中国成立后，党中央进一步明确了高校的办学定位和领导体制，强调教育必须为无产阶级服务、同生产劳动相结合，实行了"党委领导下的以校长为首的校务委员会负责制"，确立了马克思主义在高校的指导地位，为新时期高校坚持社会主义办学方向提供了重要保证。改革开放新时期，我国以恢复高考为标志，开启了教育体制改革的伟大实践，提出科教兴国和人才强国等发展战略，全面实行党委领导下的校长负责制，加强和改进高校思想政治工作，不断提高大学育人质量，高等教育从精英化走向大众化，推动中国的高等教育实现了跨越式发展。

中国特色社会主义进入新时代，以习近平同志为核心的党中央强调，我国有独特的历史、独特的文化、独特的国情，决定了我国必须走自己的高等教育发展道路，突出大学教育的社会主义办学方向和以人民为中心的发展思想，强调立德树人与培养社会主义建设者和接班人在大学教育中的重要地位，强调高等教育必须为人民服务、为中国共产党治国理政服务、为巩固和发展中国特色社会主义制度服务、为改革开放和社会主义现代化建设服务，进一步推动了中国特色社会主义大学发展道路的发展和完善。

回顾和总结中国大学发展的独特道路，就会发现中国特色社会主义大学发展道路是一条理论性与实践性、历史性与时代性、科学性与价值性、民族性与国际性相结合的道路，深刻回答了在我们这样一个世界上最大的发展中国家、一个正处在社会主义初期阶段的社会主义国家应该办什么样的大学、如何办大学等一系列战略性的重大问题。

首先，作为社会主义国家，中国特色社会主义大学的发展坚持了马克思主义的指导地位，同时又立足基本国情、扎根中国大地办大学，体现了理论性与实践性的统一。其次，中国特色社会主义大学发展道路是在总结中外大学发展正反两方面经验教训的基础上探索而成的，是将历史经验教训与现实需要、时代要求相结合的产物，体现了历史性与时代性的统一。再次，中国特色社会主义大学发展道路既遵循教育规律，又重视价值导向，在重视改革创新方法的同时强调教育的社会主义属性和以人民为中心的价值追求，体现了科学性与价值性的统一。最后，中国特色社会主义大学发展道路注意统筹国内国际两个大局，不断增强国际交流合作，在发挥自身优势的同时学习和借鉴世界各国先进的办学治校经验，体现了民族性与国际性的统一。总之，中国特色社会主义大学发展道路是一条反映社会主义教育发展规律、时代特点、人民需求和国际潮流的行之有效的道路，我们必须坚持和发展这一道路。

坚持走中国特色社会主义大学发展道路，必须紧扣立德树人这一根本要求

培养什么人，是教育的首要问题，也是中国特色社会主义大学发展道路的核心问题。在 2018 年全国教育大会的重要讲话中，习近平总书记对新时代如何加强学生的思想品德、文化素质、健康体魄、审美能力、奋斗意识的培养进行了详细论述，对教育应该培养什么样的人、如何培养人、为谁培养人这一根本问题进一步做出了详尽阐释，极大地丰富和拓展了马克思主义教育思想，具有重大的现实意义和深远的历史意义。

回顾中国共产党创办和领导新式教育 80 多年的光辉历

程，我们党始终把立德树人作为高等教育的核心问题。在革命战争时期，毛泽东同志最早系统地阐述了"为谁培养人、培养什么样的人、怎样培养人"这个根本问题。1937年，他给人民大学的前身陕北公学的题词中说："要造就一大批人，这些人是革命的先锋队。这些人具有政治的远见。这些人充满着斗争精神和牺牲精神。这些人是胸怀坦白的，忠诚的，积极的，正直的。这些人不谋私利，唯一的为着民族与社会的解放。这些人不怕困难，在困难面前总是坚定的，勇敢向前的。这些人不是狂妄分子，也不是风头主义者，而是脚踏实地富于实际精神的人们，中国要有一大群这样的先锋分子，中国革命的任务就能够顺利的解决。"这一思想明确指出了在革命战争年代教育应该采取的方针政策，在这一思想的指导下，党的教育工作紧紧围绕民族解放斗争这一中心任务展开，培养了大批人才，为抗日战争和新民主主义革命的胜利做出了重要贡献。

在社会主义建设时期，1956年，随着社会主义三大改造的完成，社会主义制度在中国基本建立起来。于是，培养社会主义劳动者的任务就提上了教育工作的日程。1957年，毛泽东同志在《关于正确处理人民内部矛盾的问题》中明确提出："我们的教育方针，应该使受教育者在德育、智育、体育几方面都得到发展，成为有社会主义觉悟的，有文化的劳动者。"1958 年，毛泽东同志又提出了"教育必须为无产阶级政治服务，必须同生产劳动相结合"的著名论断。根据毛泽东同志的这些论述，社会主义建设时期党的教育方针被概括为"三育两有"和"两个必须"，这一教育方针适应了当时社会发展的要求，为我国高等教育事业的发展指明了正确的方向。

到了改革开放这一新的历史时期，中央拨乱反正，根据改革开放新的形势任务，纠正了"左"的错误，对党的教育方针进行了调整。邓小平同志在 1978 年召开的全国教育工作大会上强调，要"把毛泽东同志提出的培养德智体全面发展、有社会主义觉悟的有文化的劳动者的方针贯彻到底，贯彻到整个新社会的各个方面"，并提出"为了培养社会主义建设需要的合格的人才，我们必须认真研究在新的条件下，如何更好地贯彻教育与生产劳动相结合的方针"。随着改革开放事业的起步，1983 年，邓小平同志在为景山学校的题词中又提出教育要"三个面向"的重要思想，对改革开放新时期我国高等教育的改革和发展起着重要的指导作用。1993 年，《中国教育改革和发展纲要》指出："教育必须为社会主义现代化建设服务，必须与生产劳动相结合，培养德、智、体全面发展的建设者和接班人。"2002 年，党的十六大报告丰富了党的教育方针的内容，提出"坚持教育为社会主义现代化建设服务，为人民服务，与生产劳动和社会实践相结合，培养德智体美全面发展的社会主义建设者和接班人"，首次把美育列入党的教育方针之中，为新世纪新阶段中国教育的改革与发展提供了指南。

党的十八大以来，中国特色社会主义进入新时代，党和国家事业发展对教育的需要，对科学知识和优秀人才的需要，比以往任何时候都更为迫切。2017 年，习近平总书记在党的十九大报告指出："要全面贯彻党的教育方针，落实立德树人根本任务，发展素质教育，推进教育公平，培养德智体美全面发展的社会主义建设者和接班人。"

从党的教育政策和教育方针的历史变迁中，我们清楚地认识到，在不同的历史时期，虽然教育政策和方针的表述有所不同，但"根"和"魂"始终如一，都是围绕着"培养什么样的人、怎样培养人、为谁培养人"这个根本问题，强调促进学生身心全面发展，只是不同时期的方式方法、侧重点有所不同。在 2018 年的全国教育大会上，为更好地实现"培养什么样的人、怎样培养人、为谁培养人"这一根本任务，习近平总书记着眼于实现中华民族伟大复兴这个根本目标，提出要培养德智体美劳全面发展的社会主义建设者和接班人的要求，对进一步坚持和发展中国特色社会主义大学发展道路，丰富和完善党的教育方针具有重大而深远的战略意义。

坚持走中国特色社会主义大学发展道路，必须紧扣"双一流"建设这一战略目标

如果说立德树人是中国特色社会主义大学的根本任务，那么"双一流"建设就是中国特色社会主义大学的奋斗目标。在坚持中国特色社会主义大学发展道路、着力培养德智体美劳全面发展的社会主义建设者和接班人过程中，必须把"双一流"建设作为推进高等教育内涵式发展的有力抓手，充分发挥"双一流"建设的重大牵引作用。

首先，必须牢牢把握加强党对高校的全面领导这个根本。党对高校的全面领导是中国特色社会主义教育事业的本质特征，也是中国特色社会主义高等教育最大的政治优势。历史证明，党的领导坚强有力，我国大学的发展就比较顺利；相反，党的领导软弱无力，我国大学的发展便会遭遇阻力。新时代加强高校党的全面领导，必须坚持和完善党委领导下的校长负责制，这是中国特色社会主义大学的根本制度，也是我国高等教育发展和人才培养的优势所在。坚持和完善党委领导下的校长负责制，当前的一个重点就是加强高校基层党组织建设，正确处理院长和书记的关系，配齐基层党支部特别是教师党支部书记，使基层党组织有职责、有地位、有发言权，扭转高校

党建工作"上热、中温、下冷"的局面，使基层党组织成为师生最贴心、最信赖的组织依靠，成为学校教书育人的坚强战斗堡垒。

其次，必须牢牢把握建设一支高素质教师队伍这个基础。百年大计，教育为本；教育大计，教师为本。在大学教育中，教师承担着引导思想与传播知识的重要职责，教师的思想直接影响着学生的成长，教师的水平直接决定着学生的受教育水平，教师队伍建设是高校建设的基础性工作，也是人才培养的重要前提。要认真贯彻落实党中央关于新时代教师队伍建设的有关要求，坚持把师德师风作为评价教师队伍素质的第一标准，大力培育政治素质过硬、业务能力精湛、育人水平高超的教师队伍。

最后，必须牢牢把握打造高水平人才培养体系这个保障。新时代的社会主义建设者和接班人，既要有优良品德，又要有真才实学。学生在大学里学什么、能学到什么、学得怎么样，同大学人才培养体系密切相关。目前，我国大学硬件条件都有了很大改善，有的学校的硬件同世界一流大学相比也没有太大差别，关键是要形成更高水平的人才培养体系。人才培养体系涉及学科体系、教学体系、教材体系、管理体系等，必须深化教育体制改革，从人才培养体系的改革入手，健全立德树人落实机制，扭转不科学的教育评价导向，坚决克服唯分数、唯升学、唯文凭、唯论文、唯帽子的顽瘴痼疾，从根本上解决教育评价指挥棒问题。同时，加快一流大学和一流学科建设，调整优化高校区域布局、学科结构、专业设置，建立健全学科专业动态调整机制，扩大教育开放，同世界一流资源开展高水平合作办学，着重培养适应时代需求的创新型、复合型、应用型人才。

（原载《人民论坛》2018 年第 10 期，原题为
《坚持中国特色社会主义大学发展道路》）

辑　二

"接地气"的大学

也谈大学治理

　　大学是一个特殊的组织，担负着培养人才、创新知识、传承文化、服务社会的重要功能，充满着无限的生机和活力。大学的治理是一个极具挑战性的课题，择其要者，个人认为以下几点甚为关键：

　　一是育人为本。现代意义上的大学最早产生于中世纪的欧洲，至今已有近千年的历史。尽管大学的职责和功能随着时代的发展在不断地丰富和扩展，但大学的最根本和核心的任务始终是培养人才。人才培养质量的高低是衡量一个学校办学水平的重要标准，一流大学之所以成为一流，最根本的是拥有若干一流的学科，能够培养出一流人才。中国人民大学被誉为我国人文社会科学高等教育领域的一面旗帜，特别是理论经济学、应用经济学、法学、政治学、社会学、新闻传播学、统计学、工商管理、公共管理以及哲学、马克思主义理论、农林经济管理、图书情报与档案管理等众多学科排名前列，为培养一流人才奠定了坚实基础。中国人民大学始终强调育人为本、立德为先，把"国民表率、社会栋梁"作为人才培养目标，近80年来培养了20多万名高水平的优秀建设者和各行各业、各个层面的领军人才，其中既有许多成就卓著的专家学者，又有闻名遐迩的企业家、政绩斐然的党政军高级领导干部，以及卓有建树的新闻、法律、文学艺术和科学技术工作者。

二是教师为体。办学的主体和重心是教师。一所大学能否培育出优秀的人才，取得高水平的研究成果，关键在于是否营造尊重教师的良好环境，拥有一流的师资队伍。有一流的师资，才可能有一流的学术成果，才能培养出一流的学生。中国人民大学云集了一大批优秀教师，已故名家吴玉章、成仿吾、范文澜、艾思奇、宋涛等为学校的学科发展、学术繁荣和人才培养做出了奠基性、开创性的贡献。老一辈著名学者黄达、戴逸、陈先达、卫兴华等成就卓著，耕耘不辍，为学校的学科建设、人才培养和科学研究奠定了坚实基础，一大批中青年学者学术精湛、锐意创新，成为国内外具有重要影响的著名学者和学术带头人，确立了学校在我国人文社会科学高等教育领域的奠基性、引领性地位。

三是制度为基。大学治理，千头万绪，最重要的是要建立和健全以章程为核心的现代大学制度。大学章程是现代大学制度的主要载体和最高纲领，确定了一所大学的基本治理构架。中国人民大学积极推进制度建设，以制定章程为抓手，科学划分学校与政府、学校与社会、学校与学院、行政与学术、党委与校长等之间的关系，不断完善大学"面向社会、自主办学"和"党委领导、校长负责、教授治学、民主办学"的现代大学制度。2013 年 11 月，教育部高等学校章程核准书第 1 号，正式核准了《中国人民大学章程》，标志着学校制度建设取得了重大进展和重要成果。

四是文化为魂。大学与文化的关系是最为紧密的，可以说大学的特质即文化。大学文化作为大学之魂，反映一所大学特有的价值追求，体现一所大学特有的精神品格。中国人民大学作为中国共产党创办的新中国第一所新型正规大学，独特的发展历史、学科特色、精神传统孕育了独特的文化，形成了以"人民、人本、人文"为理念，以"实事求是"为校训，以"立学为民、治学报国"为宗旨，以"海纳百川、有容乃大"为胸怀，以"人民满意、世界一流"为目标的精神文化。这些精神文化，既是中国人民大学与党和人民同呼吸、共命运，"始终奋进在时代前列"的精神在新时期的概括，又是人大优良传统在改革开放和建设中国特色社会主义新时代的一种弘扬。

（原题为《育人为本，教师为体，制度为基，文化为魂》）

中国人民大学：扎根中国大地办教育

　　当今世界处于大发展大变革大调整时期，世界多极化、经济全球化、社会信息化、文化多样化深入发展，新一轮科技革命和产业变革与我国发展方式转变、发展动能转换交汇，内外环境和形势变化，使我国高等教育改革发展面临全新的风险挑战。在此形势下，中国人民大学作为一所红色基因鲜明、人文社会科学特色突出的高校，需要回答好新时代的三大命题：中国共产党独立创办的正规大学如何办成世界一流大学？以人文社会科学为主的大学如何办成世界一流大学？扎根中国大地如何办成世界一流大学？这不仅是学校建设发展的需要，更是党和人民赋予的历史使命。

一

　　现代高等教育起源于欧洲，其传统上以"自治"为办学原则，不愿政府过多干预。政府之外的各种社会力量，如教会、商人、社会组织和学术团体等，在大学的发展模式和走向上起着重要作用，甚至决定着大学的兴衰。正因为此，当我们要建设世界一流大学时，就有人戴着"有色眼镜"质疑："在革命时期白手起家的中国共产党是'小米加步枪'的'土八路'，能领导好中国高等教育事业吗？""搞'工农教育''干部教育'，怎么能成为一流大学？"……殊不知，新中国高等教育事业发展的实践与成就已经对这一质疑进行了深刻回应。

　　为人民办教育，为中华民族的自立自强办教育，是中国共产党始终秉承的教育理想和奋斗目标。革命战争年代，党就探索创办了陕北公学等一批革命学校，培养了数万名堪称"革命的先锋队"的优秀人才。新中国成立伊始，党探索建立新的高等教育制度和模式，接管和改造旧大学，创办和兴建新大学，基本形成了服务于社会主义经济社会发展的高等教育体系。改革开放以来，党坚持把教育摆在优先发展的战略地位，全面进行高等教育体制改革和教学改革。如今，中国已经建立起世界上最大的高等教育体系，教育总体水平也已跃居世界中上行列，高等教育实现了跨越式发展。这充分证明，党的教育方针、党领导下的高等教育的发展模式，在中国是行得通的。

作为我们党创办的第一所新型正规大学，中国人民大学始终没有忘却自己血脉中的红色基因，始终坚持听党话跟党走，坚持将马克思主义的科学性、革命性与大学建设发展的实践性、规律性相结合，将高等教育的普遍规律与中国教育的发展实际相结合，将解决中国问题与借鉴世界文明相结合，将中国特色与世界一流相结合，走出了一条中国特色社会主义高等教育发展道路。

82 年来，中国人民大学紧紧围绕"立德树人"的根本任务，培养输送了 27 万名"人民共和国建设者"。这得益于"立学为民、治学报国"的办学宗旨，从建校初期的"八大系"到孕育孵化一大批与我国经济社会发展紧密相关的现代专业，再到目前一流学科持续领跑，中国人民大学学科建设成绩卓越：在教育部第四轮学科评估中，共有 14 个学科获评 A 类；在 QS 学科排名中，两个学科进入全球前 50 名，其中哲学位列全球第 32 名，在内地高校中排名第一；法学等 5 个学科位列全球第 51 ～ 100 名；在 ESI 排名中，社会科学总论、经济学商学等 4 个学科进入全球排名前 1%。中国人民大学已成为用学术语言讲好"中国故事"的重要窗口。

从"战火中的大学"到"解放区最高学府"，从"新国家的新大学"迈向建设"人民满意、世界一流"大学，中国人民大学的发展历程表明，我们党不仅能够创办出色的大学，更是领导"双一流"建设的根本保证。

二

在应对科技革命和产业革命的过程中，许多知名大学在科学研究和人才培养上贡献巨大，由此奠定了自身的一流地位。与一般名校不同，中国人民大学在实践中走出一条以人文社会科学为主的特色办学之路，凝练形成"主干的文科、精干的理工科"的学科发展体系。

人文社会科学是以人和人类社会为研究对象的科学，是推动历史发展和社会进步的重要力量，其发展水平反映了一个民族的思维能力、精神品格、文明素质，体现了一个国家的综合国力和国际竞争力。但与自然科学和工程科学相比，人文社会科学对社会发展的贡献，并不具有立竿见影的效果，这也决定了对其成果评价的复杂性。个别人由此对中国人民大学要成为世界一流提出疑问，把这所"马克思主义理论教学与研究的高地"戏谑地称为"第二党校";因为单纯人文社会科学类大学鲜有进入世界一流,便怀疑中国人民大学的办学质量,甚至怀疑其在我国高等教育乃至世界高等教育中的地位。

中国人民大学为我国人文社会科学发展做出了开创性贡献。我国现有的经济、管理、法律、新闻、党史、外交、政治等学科或专业,不少都是发源于此。改革开放后,学校大力发展管理科学、信息科学和环境科学等新兴交叉学科,在全国范围内起到了示范作用;率先翻译和引进了一大批西方经济学、管理学教材和著作,成为学习借鉴国外优秀文化成果的排头兵;在服务国家重大决策和地方经济社会发展等方面领潮流之先,国家社会科学基金项目、教育部人文社科重大攻关项目立项数常年位居全国高校前列;举办世界汉学大会、中国人文社会科学论坛等重要学术会议,参与共建海外孔子学院等平台,不断提高人文社会科学的国际影响力,不断确立全球范围内的学术话语权,为构建以马克思主义为指导的中国特色哲学社会科学,解读中国实践、构建中国理论做出了重要贡献。

三

20 世纪之前,全世界顶尖的现代大学都聚集在欧洲,这得益于人文思想的浓厚，也在于产业革命后欧洲经济的快速发展。到了 20 世纪后半叶，受制于经济发展减缓、教育资源紧缺，欧洲在全球政治经济交往中不再处于主导地位，欧洲的大学在全球的竞争力已经不如美国。美国繁荣的移民文化和"二战"后迅猛发展的经济、技术，持续吸引着全世界的人才，同时，美国政府在经费和政策上给予高等教育巨大支持，这样的良性循环使美国的顶尖大学积聚了一大批高级人才。由此看来，拥有世界一流大学是国家现代化综合实力的重要体现。那么，处于全面建设社会主义现代化强国进程中，仍是发展中国家的中国，如何才能办成世界一流大学？

中国的大学要建成世界一流，决不能盲目模仿欧美大学发展模式，决不能以某一所一流大学为追慕对象亦步亦趋，而必须在借鉴国外高等教育先进经验、吸收人类文明优秀成果的基础上，扎根中国大地，扎根于中国独特的历史和文化，这才是中国大学之"魂"。这个"魂"就是中国的文化自信。在几千年历史发展过程中积淀而成的中华优秀传统文化，在中国近代史中锻造而出的积极奋进的革命文化，孕育于中华优秀传统文化、发源于中国革命文化的社会主义先进文化，都是引领我们建设一流大学的强大精神之基和动力之源。

扎根中国大地创办世界一流大学，就要把坚定的文化自信转化为坚定的办学自信。一所大学必须首先解决本土问题，通过本土问题的解决推动国家现代化发展，进而推动其自身在世界范围内影响力的提升，方能成为一流大学。回顾中国人民大学82年的发展历史，正是扎根中国大地办学、服务中国社会发展的真实写照。改革伊始，是人大人率先发声、引领时代，胡福明校友撰写的理论文章《实践是检验真理的唯一标准》、陈锡添校友撰写的长篇通讯《东方风来满眼春》，用人大人"实事求是"的校训精神铸就了党和国家历史性发展的思想先导。在世界发展面临的重大议题上，中国人民大学的一批高端智库及众多顶尖学者积极发声、产出成果，用中国理论解读中国实践，用中国实践升华中国理论，为世界发展提供中国方案。

习近平总书记在致中国人民大学建校80周年的贺信中殷切期望中国人民大学"坚持立德树人，遵循教育规律，弘扬优良传统，扎根中国大地办大学，努力建设世界一流大学和一流学科，为我国高等教育事业繁荣发展，为实现'两个一百年'奋斗目标、实现中华民族伟大复兴的中国梦作出新的更大贡献"。中国距离社会主义现代化强国的宏伟目标从来没有像今天这样接近。面对世界百年未有之大变局，中国人民大学有义务也有条件，坚定文化自信、立足中国国情，在探索中国特色现代大学制度，推进学校治理体系和治理能力现代化，建设"中国特色、世界一流"大学方面走在前列。

（原载《中国教育报》，2019 年 11 月 29 日，原题为《扎根中国大地办教育，交上让人民满意的新时代答卷》）

为什么说哲学社会科学是"思想先导"

5月17日，习近平总书记主持召开哲学社会科学工作座谈会并发表重要讲话，对哲学社会科学的巨大作用进行了科学论述。他指出："人类社会每一次重大跃进，人类文明每一次重大发展，都离不开哲学社会科学的知识变革和思想先导。"

为什么说哲学社会科学是"思想先导"？

第一，哲学社会科学是人类知识体系的重要组成部分，对自然科学的发展具有方法指导和价值引领作用。

自然科学和哲学社会科学是人类认识世界和改造世界的重要工具及其成果。二者犹如"车之两轮""鸟之双翼"，共同构成人类的知识体系。其中，哲学社会科学对自然科学起着方法指导与价值引领作用。自然科学是以自然现象作为研究对象的，一般来说，搞自然科学研究不应受研究者价值取向的影响。然而，从实践上看，任何自然科学的研究，包括课题的选定、研究意义的阐发，以及研究成果的应用，无不与研究者的价值取向紧密相连。从这个意义上说，哲学社会科学能为自然科学的研究、发展方向等提供方法上的指导与价值上的引领。爱因斯坦曾指出："科学是一种强有力的工具。怎样用它，究竟是给人带来幸福还是带来灾难，全取决于人自己，而不取决于工具。"这一思想深刻地揭示了如果没有正确的价值判断、价值导向，科学技术可以给人类带来福祉，但也可能给人类带来不幸和灾难。

第二，哲学社会科学是历史变革的思想先导，对人类社会的进步具有观念指引和精神驱动作用。

思想走在行动之前，就像闪电走在雷鸣之前一样。就人类历史的发展来看，任何一次社会变革、政治变革，都是以思想、观念的变革为前奏和先导的，社会变革、政治变革不过是思想、观念变革的实现和巩固。

从世界历史看，欧洲文艺复兴以复兴古希腊、古罗马古典文化为旗号，高扬"人文主义"，提出以人为中心而不是以神为中心，肯定人的价值和尊严，反对神学对人的束缚，引导西方走出黑暗的中世纪，进入充满创造和变革的近现代。

从中国历史看，思想变革对政治变革、社会变革的先导作用同样得到了证明。1919 年的五四新文化运动为马克思主义在中国的传播开通了道路，引起了中国天翻地覆的变化。1978 年"真理标准问题大讨论"引发了新的思想解放运动，推动中国进入改革开放和现代化建设新时期。从历史到现实，从东方到西方，都充分说明了思想变革对社会发展的重要意义，充分体现了哲学社会科学在历史进程中的巨大作用。

第三，哲学社会科学是治国理政的理论武器，对国家社会的治理具有理论指导和精神激励作用。

哲学社会科学作为人们认识和改造社会、推动人类自身发展的思想武器，在社会进步和人类发展进程中发挥着积极的促进作用。先进的社会意识能够在一定程度上反映社会存在的现实矛盾，科学预见社会发展的未来趋势，对于国家和社会的治理起着指导和动员的作用。一个民族要顺应世界进步的潮流，站在时代发展的前列，就必须有哲学社会科学的理论指导。

以马克思主义为指导的哲学社会科学，特别是中国特色社会主义理论体系是我们党治国理政的重要思想武器。实践证明，我国改革开放和现代化建设的顺利推进，比任何时候都需要哲学社会科学的有效参与，需要哲学社会科学提出见解、建议、谋略和方案，提供理论依据、智力支持和精神动力。正如习近平总书记指出的："这是一个需要理论而且一定能够产生理论的时代，这是一个需要思想而且一定能够产生思想的时代。"

（原载《光明日报》，2016 年 6 月 22 日）

肩负起繁荣发展哲学社会科学的历史使命

　　哲学社会科学的发展水平反映一个民族的思维能力、精神品格、文明素质，体现一个国家的综合国力和国际竞争力。包括中国人民大学在内的我国一大批高等学校拥有较完备的哲学社会科学学科体系，担负着哲学社会科学高等教育、培养哲学社会科学优秀人才的重要任务，是我国哲学社会科学事业的主力军，承担着构建中国特色哲学社会科学、建设社会主义强国的光荣使命和崇高责任。当前，深入贯彻习近平总书记在5月17日主持召开的哲学社会科学工作座谈会上发表的重要讲话，最根本、最重要的任务就是要始终不渝地坚持马克思主义指导地位，结合中国实际，立足中国国情，为构建中国特色哲学社会科学做出积极贡献。

把好发展方向，旗帜鲜明地坚持马克思主义指导

马克思主义是社会主义意识形态的旗帜和灵魂，也是中国共产党的建党之基。习近平总书记在讲话中深刻指出："坚持以马克思主义为指导，是当代中国哲学社会科学区别于其他哲学社会科学的根本标志。"哲学社会科学既是一种科学的知识体系，也是一种具有意识形态属性的价值体系；哲学社会科学既要解决"是什么""为什么"的科学问题，也要解决"为谁主张""为谁服务"的价值追问。我们要旗帜鲜明、理直气壮地坚持马克思主义的指导地位，一以贯之地将马克思主义的立场、观点、方法贯穿到哲学社会科学的各个领域。

中国人民大学向来享有"马克思主义教学与研究的高地"的美誉，我们将积极探索有中国特色的高校哲学社会科学繁荣发展之路，努力整合古今中外的各种学术资源，融会贯通马克思主义、中华优秀传统文化、国外哲学社会科学三方面的资源，建设好马克思主义学院和相关学科，完善马克思主义理论学科发展新机制。积极参与马克思主义理论研究和建设工程，深化马克思主义基本观点和经典著作文本、马克思主义理论发展前沿问题和最新成果、中国特色社会主义理论体系的教学与研究，深化社会主义核心价值体系的教学与研究，加强马克思

主义基础学科以及以马克思主义为指导的具体学科的建设，形成全面反映马克思主义中国化最新理论成果的学科体系和教材体系，推动中国特色社会主义理论体系进教材、进课堂、进头脑。

强化问题意识，大力推动中国特色新型智库建设

习近平总书记在讲话中强调"我国哲学社会科学应该以我们正在做的事情为中心，从我国改革发展的实践中挖掘新材料、发现新问题、提出新观点、构建新理论"。深入贯彻习近平总书记重要讲话，构建中国特色哲学社会科学，要大力建设中国特色新型智库，以高度的学术敏感性关注中国改革发展的最新实际，善于发现问题、分析问题、解决问题，回应时代和实践发出的迫切呼声。

中国人民大学有着"立学为民、治学报国"的优良传统，勇于承担理论创新、资政启民的重要职责。我们要大力发扬实事求是、理论联系实际的优良传统，立足中国国情，根植实践沃土，从改革开放和社会主义现代化建设的伟大实践中获取理论创新的深厚源泉和强大动力，从人民群众鲜活的创造中发掘思想智慧，提出真知灼见。要围绕改革开放和现代化建设亟待

解决、广大干部群众普遍关心的重大理论和现实问题，深入调查研究，深入钻研探索，组织协同攻关，努力对全局性、战略性、前瞻性重大课题做出科学的回答，为党和政府的决策服务，为改革开放和现代化建设服务。我们要引导广大教师坚持以人民为中心的研究导向，把自己的学术追求、科学研究同国家和民族的命运结合起来，为中国特色社会主义事业提供智力支持。

推进话语创新，努力构建中国特色、中国风格、中国气派的学术话语体系

习近平总书记在讲话中强调指出，要在指导思想、学科体系、学术体系、话语体系等方面充分体现中国特色、中国风格、中国气派。从我国哲学社会科学发展的现状来看，构建中国特色学术话语体系尤为关键，因为哲学社会科学学术话语体系从来都不是价值中立的，而是蕴含特定的意识形态导向、体现一定的价值取向。

应当承认，相对于改革开放以来中国经济社会取得的巨大成就而言，我国哲学社会科学仍然存在着理论落后于实践、话语落后于理论的客观情况。理论的薄弱和话语的弱势导致国内哲学社会科学多个学科流行的概念、理论，有很大一部分来自西方，中国人自己原创的核心概念不多，部分学科甚至沦为西方话语的"跑马场"。学术界一些人自觉不自觉地运用西方舶来的理论来分析中国实践，习惯于套用西方话语来解释中国，在现实中常常是削中国之足适西方之履。这种状况严重制约了中国哲学社会科学的繁荣发展，还造成一定程度的思想混乱和话语"失声"。

高校是哲学社会科学不同思潮交流、交融、交锋的重要平台，也是构建中国特色学术话语体系的主阵地。高校哲学社会科学工作者要加强理论创新，善于凝练、总结、提升、表达中国经验、中国实践和中国人特有的理论智慧，在学习借鉴人类文明成果的基础上，用中国的理论研究和话语体系解读中国实践、中国道路，不断概括出理论联系实际的、科学的、言简意赅的、易于流行的新概念、新范畴、新表述，打造具有中国特色、中国风格、中国气派的学术话语体系。

着眼事业未来，培养和集聚更多哲学社会科学优秀人才

习近平总书记在讲话中特别强调了"两个不可替代"，即坚持和发展中国特色社会主义，哲学社会科学具有不可替代的重要地位，哲学社会科学工作者具有不可替代的重要作用，提出要"着力发现、培养、集聚一批有深厚马克思主义理论素养、学贯中西的思想家和理论家，一批理论功底扎实、勇于开拓创新的学科带头人，一批年富力强、锐意进取的中青年学术骨干，构建种类齐全、梯队衔接的哲学社会科学人才体系"。

高校哲学社会科学要充分发挥育人功能，培养和集聚更多优秀的哲学社会科学人才。我们要深入领会"两个不可替代"的丰富内涵，提高对哲学社会科学人才培养工作重要性的认识，深刻认识到培养哲学社会科学人才与培养自然科学人才同样重要，培养高水平的哲学社会科学家与培养高水平的自然科学家同样重要，改变目前在某种程度上实际存在的"重理轻文"的错误观念。要不断提升哲学社会科学人才培养质量，致力于培养一大批理想信念坚定、道德品质高尚、人文底蕴深厚、科学素养良好、创新能力卓越、身心体魄强健，具有家国情怀、担纲精神、全球视野和跨文化沟通能力的哲学社会科学优秀人才。

我们要培养和集聚更多的领军人才和拔尖创新人才，建设一支具有国际竞争力的、"老中青"合理布局的一流的哲学社会科学人才队伍。进一步改善哲学社会科学工作者的工作、学习和生活条件。要树立以人为本的观念，努力营造良好的工

作生活氛围，充分发挥哲学社会科学人才的聪明才智。要贯彻
"百花齐放、百家争鸣"的方针，倡导"兼容并蓄、有容乃大"
的学术气度，营造有利于科学探索和理论创新的学术氛围和环
境，提倡探索、尊重探索、鼓励探索。

（原载《中国高等教育》2016 年第 22 期）

铸就"哲学社会科学中的巨人"

中国特色社会主义进入新时代，我们比历史上任何时期都更接近、更有信心和能力实现中华民族伟大复兴。当今，社会主义中国巍然屹立在世界东方，没有任何力量能够撼动我们伟大祖国的地位，没有任何力量能够阻挡中国人民和中华民族前进的步伐。在中华民族迎来了从站起来、富起来到强起来的伟大飞跃，迎来了实现中华民族伟大复兴光明前景的新阶段，话语权问题成为一个突出的亟待解决的短板。我们必须加快构建中国特色社会主义哲学社会科学话语体系，把我国铸成"哲学社会科学中的巨人"，助推中华民族伟大复兴。

第一，构建中国特色哲学社会科学话语体系的重大担当

实现中华民族伟大复兴是一个波澜壮阔的历史过程，必须前赴后继完成站起来、富起来、强起来的历史任务。2015年12月11日，习近平总书记在全国党校工作会议上指出："落后就要挨打，贫穷就要挨饿，失语就要挨骂。形象地讲，长期以来，我们党带领人民就是要不断解决'挨打'、'挨饿'、'挨骂'这三大问题。"经过几代人不懈奋斗，站起来解决了"挨打"问题，富起来解决了"挨饿"问题，但"挨骂"问题还没有得到根本解决。一些西方大国凭借其历史形成的话语权，用西方的制度模式和价值标准，对中国特色社会主义理论和实践进行曲解和非议，企图遏制中国的发展，歪曲中国的形象，甚至改变中国的方向。话语权成了中国发展的短板和掣肘，提升国际话语权是我们亟待解决的一个重大问题。

话语权涉及方方面面的工作，其中哲学社会科学是重要的方面。改革开放以来，我国哲学社会科学取得了有目共睹的成就，但话语体系在世界上的影响力还不够强大，在学术命题、学术思想、学术观点、学术标准、学术话语上的能力和水平同我国综合国力和国际地位还不太相称，一定程度和范围内还存在着"言必称西方""言必称美国"的现象。

哲学社会科学在提升国际话语权上要有重大担当。国际话语权涉及综合国力、历史文化、社会制度等,而哲学社会科学是其中关系紧密的因素。一方面,繁荣的哲学社会科学是一个国家强起来的标志。国际话语权与国家的地位是相向而行的,话语权是国家实力的一种体现和有机组成部分,强化话语质量对提高国际话语权和国家软实力至关重要。实现中华民族伟大复兴,哲学社会科学必须强起来。哲学社会科学是人们认识世界、改造世界的重要工具,是推动历史发展和社会进步的重要力量,其发展水平反映了一个民族的思维能力、精神品格、文明素质,体现了一个国家的综合国力和国际竞争力。一个国家的发展水平,既取决于自然科学发展水平,也取决于哲学社会科学的发展水平。在 2016 年 5 月 17 日召开的哲学社会科学工作座谈会上,习近平总书记指出:"一个没有发达的自然科学的国家不可能走在世界前列,一个没有繁荣的哲学社会科学的国家也不可能走在世界前列。"坚持和发展中国特色社会主义,统筹推进"五位一体"总体布局和协调推进"四个全面"战略布局,实现"两个一百年"奋斗目标、实现中华民族伟大复兴的中国梦,我国哲学社会科学可以也应该大有作为。另一方面,哲学社会科学是国际话语权的重要载体。话语权的基础是话语,哲学社会科学的重要功能就是运用系统的话语,对内聚焦民心、对外展示形象。哲学社会科学的特色、风格、气派，是发展到一定阶段的产物，是成熟的标志，是实力的象征，也是自信的体现。中国的哲学社会科学话语体系，是主流意识形态建设的重要方面，是国家文化软实力的重要组成部分。新时代要更好进行具有许多新的历史特点的伟大斗争，推进中国特色社会主义伟大事业，需要充分发挥哲学社会科学的作用，需要哲学社会科学工作者立时代潮头、发思想先声，积极为党和人民述学立论、建言献策。我们要繁荣中国哲学社会科学，不仅要让世界知道"舌尖上的中国"，还要让世界知道"学术中的中国""理论中的中国""哲学社会科学中的中国"。

中国人民大学是我们党创办的第一所新型正规大学，在我国人文社会科学领域独树一帜。在 1950 年中国人民大学开学典礼上，刘少奇同志指出："中国将来的许多大学都要学习中国人民大学的经验，按照中国人民大学的样子来办。"所以说，中国人民大学甫一成立，就担负着为中国共产党探索高等教育发展规律，引领中国高等教育前进方向的重要使命。中国人民大学成立以来，其初心和使命始终与党的初心和使命紧密相连，始终与党和国家同呼吸、共命运，始终奋进在时代前列。正是一代代人大人不忘初心、牢记使命，才铺就了中国人民大学 82 载光辉之路，锻造了"人大红"鲜亮的精神底色。

如今，中国人民大学正以昂扬进取的姿态，向着"人民满意、世界一流"的目标奋斗。"不忘初心、牢记使命"，对中国人民大学提出的不仅是政治上的要求，更是办学育人的实践要求。我们必须从思想上、行动上认真回答好"培养什么样的人、怎样培养人、为谁培养人"这一根本性问题，积极探索有中国特色的高校哲学社会科学繁荣发展之路，以哲学社会科学教学研究的成就支撑人才培养质量的提升，着力培养能在各行各业发挥引领作用的"人民共和国的建设者"，从而确保我们这所红色基因融入血脉、深入骨髓的大学，更好地为人民服务，为中国共产党治国理政服务，为巩固和发展中国特色社会主义制度服务，为改革开放和社会主义现代化建设服务。

第二，构建中国特色哲学社会科学话语体系的基本遵循

以马克思主义为指导。哲学社会科学既是一种科学的知识体系，也是一种具有意识形态属性的价值体系。哲学社会科学既要解决"是什么""为什么"的科学问题，也要解决"为谁主张""为谁服务"的价值追问。中国共产党从诞生之日起，就把马克思主义鲜明地写在自己的旗帜上。我们党是用马克思主义武装起来的政党，马克思主义是指导我们改造客观世界和

主观世界的锐利思想武器。坚持以马克思主义为指导，是当代中国哲学社会科学区别于其他哲学社会科学的根本标志。习近平总书记在哲学社会科学工作座谈会上指出，"当代中国哲学社会科学是以马克思主义进入我国为起点的，是在马克思主义指导下逐步发展起来的"；"我国哲学社会科学坚持以马克思主义为指导，是近代以来我国发展历程赋予的规定性和必然性。在我国，不坚持以马克思主义为指导，哲学社会科学就会失去灵魂、迷失方向，最终也不能发挥应有作用"。马克思主义是不断发展的理论，习近平新时代中国特色社会主义思想是马克思主义中国化的最新成果，是当代中国马克思主义、21世纪马克思主义。我们要以习近平总书记关于构建中国特色哲学社会科学的重要论述为基本遵循，自觉将之转化为清醒的理论自觉、坚定的政治信念、科学的思维方法，贯穿到构建中国特色哲学社会科学学科体系、学术体系、话语体系之中，落实到学科建设、人才培养、科学研究、课程设置、教材编写、学术评价之中。

以"四个自信"为基础。"不忘初心、牢记使命"，就是要坚定对马克思主义的信仰、对中国特色社会主义的信念，增强"四个意识"，坚定"四个自信"，做到"两个维护"。"四个自信"是中国昂扬走向世界舞台中央的精神支柱，也是我们构建中国特色哲学社会科学话语体系的精神支柱。构建中国特色哲学社会科学是文化自信的重要体现。没有自信，凡事跟着别人后面做、跟着别人后面说，何以能自主自立地构建中国自己的哲学社会科学话语体系？如果自己都不信，何以能用自己的话语体系影响他人、引领他人？从国家发展大势上，今天之中国，同新中国成立以前之中国相比，何止有天壤之别。当今世界，要说哪个政党、哪个国家、哪个民族能够自信的话，那中国共产党、中华人民共和国、中华民族是最有理由自信的。中国特色社会主义的辉煌成就，是"四个自信"的基础，也是我们学术上自信的基础。习近平总书记指出："我们有本事做好中国的事情，还没有本事讲好中国的故事？我们应该有这个信心！"就历史而言，绵延几千年的中华文化，是中国特色哲学社会科学成长发展的深厚基础。中华民族有着深厚的文化传统，形成了富有特色的思想体系，体现了中国人几千年来积累的知识智慧和理性思辨，这是我们构建中国特色哲学社会科学话语体系的独特优势。就现实而言，当代中国正经历着我国历史上最为广泛而深刻的社会变革，也正在进行着人类历史上最为宏大而独特的实践创新。这种前无古人的伟大实践，必将给理论创造、学术繁荣提供强大动力和广阔空间。

以学术研究为支撑。真正的话语权，不是靠嗓门大，而是在学问深。支撑话语体系的基础是哲学社会科学体系，没有自己的哲学社会科学体系，就没有话语权。目前我国哲学社会科学学科体系已基本确立，但还存在一些亟待解决的问题，主要是一些学科设置同社会发展联系不够紧密，学科体系不够健全，新兴学科、交叉学科建设比较薄弱。下一步，要突出优势、拓展领域、补齐短板、完善体系。我们首先要加强马克思主义理论学科建设，以之统领和带动整个哲学社会科学建设。我们还要加快完善对哲学社会科学具有支撑作用的学科，如哲学、历史学、经济学、政治学、法学、社会学、民族学、新闻学、人口学、宗教学、心理学等，打造具有中国特色和普遍意义的学科体系。我们还要注重发展优势重点学科，加快发展具有重要现实意义的新兴学科和交叉学科，重视发展具有重要文化价值和传承意义的"绝学"、冷门学科等。总之，要坚持以马克思主义为指导，在研究上多下功夫，多搞"集成"和"总装"，多搞"自主创新"和"综合创新"，努力建设具有中国特色、中国风格、中国气派的，涵盖全方位、全领域、全要素的哲学社会科学体系。

中国人民大学始终坚持"一马当先"的办学方向，勇当人文社会科学领域的排头兵，在马克思主义研究、哲学社会科学研究上具有突出的优势，一直发挥着先导和示范作用，进行了奠基性和开拓性的工作。我国现有的马克思主义理论、哲学、经济学、法学、史学、新闻学等学科，大多肇始于这里。革命战争时期，人民大学既是马克思主义中国化的"孵化器"，也是马克思主义理论教学与研究的重要"发源地"；社会主义建设与探索时期，人民大学是马克思主义理论人才培养的"工作母机"；改革开放后，人民大学成为"马克思主义教学与研究的高地"，为推进马克思主义中国化、时代化、大众化做出了突出贡献。82年来，从建校初期的"八大系"到孕育孵化出一大批与我国经济社会发展紧密相关的现代专业；从新中国法学、新闻学的第一位博士和第一位外籍文科博士，到囊括"第一本政治经济学教材""第一部马克思主义思想通史""第一套哲学专业教材"等在内的众多"第一"；从连续16年举办我国人文社会科学界年度盛事"中国人文社会科学论坛"，到设立人文社会科学领域崇高奖项"吴玉章人文社会科学终身成就奖"……作为"我国人文社会科学领域的一面旗帜"，中国人民大学始终为发展繁荣哲学社会科学而不懈探索。阔步新时代，奋进"双一流"。我们要以习近平新时代中国特色社会主义思想为指导，全面提升学科建设水平，努力为构建中国特色哲学社会科学学科体系、学术体系和话语体系做出表率。

第三，构建中国特色哲学社会科学话语体系的创新突破

立足中国实践。构建中国特色哲学社会科学话语体系要有问题导向，理论创新只能从问题开始。目前主要问题是用西方话语不能解读中国的实践，那么我们就必须从中国的实践中提炼中国话语。新中国成立 70 年特别是改革开放 40 多年的伟大实践，为我们发展哲学社会科学提供了珍贵的研究素材和广阔的发展空间。我们要加强对改革开放和社会主义现代化建设实践经验的系统总结，提炼出更多有学理性的新理论，概括出更多有规律性的新实践，推出更多有分量的研究成果。这尤其是要注重将我们党创造的马克思主义中国化的理论创新成果转化为学术话语体系。有关中国特色社会主义道路、理论体系、制度、文化，有关经济、政治、法律、社会、生态、外交、国防、党建等重要的理论创新，这些都是中国特色哲学社会科学的主体内容，也是中国特色哲学社会科学发展的最大增量。我们还要面向未来，聚焦战略性、全局性、综合性重大问题，聚焦经济社会发展中的重大实践问题，聚焦新时代人民群众普遍关心的热点、难点、焦点问题，深入开展理论政策研究，从我国改革发展的实践中挖掘新材料、发现新问题、提出新观点、构建新理论。当代中国与世界紧密联系在一起，我们还要有更

宽广的胸怀和眼界，既向内看、深入研究关系国计民生的重大课题，又向外看、积极探索关系人类前途命运的重大问题；既向前看、准确判断中国特色社会主义发展趋势，又向后看、善于继承和弘扬中华优秀传统文化精华。

致力话语原创。理论的生命力在于创新。创新是哲学社会科学发展的永恒主题，也是社会发展、实践深化、历史前进对哲学社会科学的必然要求。习近平总书记指出："我们的哲学社会科学有没有中国特色，归根到底要看有没有主体性、原创性。跟在别人后面亦步亦趋，不仅难以形成中国特色哲学社会科学，而且解决不了我国的实际问题。"只有以我国实际为研究起点，提出具有主体性、原创性的理论观点，才能形成自己的特色和优势。当今世界处于百年未有之大变局，我国正处于近代以来最好的发展时期，这是一个需要理论而且一定能够产生理论的时代，这是一个需要思想而且一定能够产生思想的时代。改革开放以来，我们坚持理论创新，正确回答了什么是社会主义、怎样建设社会主义，建设什么样的党、怎样建设党，实现什么样的发展、怎样发展等重大问题，不断根据新的实践推出新的理论、新的话语。新时代要把研究阐释马克思主义作为主攻方向，始终坚持马克思主义基本原理和贯穿其中的立场、观点、方法，把坚持马克思主义和发展马克思主义统一起来，同时结合新的实践不断做出新的理论创造。我们要以正在做的事情为中心，从我国改革发展的实践中挖掘新材料、发现新问题、提出新观点、构建新理论，加强对改革开放和社会主义现代化建设实践经验的系统总结，加强对发展社会主义市场经济、民主政治、先进文化、和谐社会、生态文明，以及党的执政能力建设等领域的分析研究，加强对党中央治国理政新理念、新思想、新战略的研究阐释，提炼出有学理性的新理论。

中国人民大学有着实事求是、理论联系实际的优良传统。在82年的发展历程中，这所大学始终立足中国国情、根植实践沃土，从改革开放和社会主义现代化建设的伟大实践中获取理论创新的深厚源泉和强大动力，从人民群众鲜活的创造中发掘思想智慧、提出真知灼见，与时代同步伐，发时代之先声，服务中国社会发展。改革伊始，人大人率先发声，引领时代。胡福明撰写的理论文章《实践是检验真理的唯一标准》、陈锡添撰写的长篇通讯《东方风来满眼春》，就是秉承中国人民大学"实事求是"的校训精神，紧贴时代脉搏、顺应时代召唤，铸就党和国家历史性发展的思想先导。今天，实现中华民族伟大复兴，需要我们在实践的基础上不断提出创新的理论，用发展着的理论指导丰富的实践。我们所面对的百年未有之大变局,也正是哲学社会科学研究者出思想、出理论的关键当口。中国特色社会主义事业的发展面临许多重大议题,问题需要研究、答案需要探求、人民需要解释、党和国家需要发声。对此,哲学社会科学具有不可替代的重要作用,拥有齐全的马克思主义学科和强大的人文社科学科的人民大学更是责无旁贷。我们必须围绕重大理论和时代问题,进行深入透彻的理论阐释,认真研究和总结提炼我国改革发展、社会主义建设及党的建设的成功经验,研究治国理政的客观规律,增强人民群众走中国特色社会主义道路的坚定性和自觉性。我们的一批高端智库及众多顶尖学者必须持续不断地积极发声、产出成果,用中国理论解读中国实践,用中国实践升华中国理论,为世界发展提供创新的中国方案,为构建中国特色哲学社会科学话语体系做出新的更大的贡献。

(原载《红旗文稿》2019 年第 23 期,原题为
《加快构建中国特色哲学社会科学话语体系》)

高校宣传思想工作的主要任务

　　高校宣传思想工作，事关党对高校的领导，事关全面贯彻党的教育方针，事关中国特色社会主义事业后继有人，是一项战略工程、固本工程、铸魂工程。当前，在世界各种思想文化交流交融交锋更加频繁、我国进入全面深化高等教育综合改革攻坚期的时代背景下，牢牢把握高校宣传思想工作的主要任务，坚持把围绕中心、服务大局作为基本职责，做到因势而谋、应势而动、顺势而为，对于立德树人、培养德智体美全面发展的中国特色社会主义合格建设者和可靠接班人，具有十分重要而深远的意义。

第一，坚定师生理想信念，增强对中国特色社会主义的理论认同、政治认同、情感认同

高校作为培养中国特色社会主义建设者和接班人的人才摇篮，思想理论建设直接关系到社会主义办学方向。要始终把思想理论建设摆在宣传思想工作的首要位置，坚持不懈地用中国特色社会主义理论武装党员干部、教育师生员工。

（一）不断深化中国特色社会主义和中国梦宣传教育

充分运用各种传播手段、宣传阵地和精神文化产品，加强形势政策教育，引导广大师生把国家梦、民族梦与大学梦、个人梦有机结合起来，自觉为实现"两个一百年"奋斗目标、实现中华民族伟大复兴的中国梦不懈奋斗。同时，要按照党的十八届三中、四中全会精神，加强对全面深化改革、全面推进依法治国的正面宣传和舆论引导，及时回答师生关心的重大思想认识问题，进一步统一思想、凝聚共识。要加强党委理论中心组学习，领导干部要带头学习，发挥好示范引领作用。实施思想引领工程，贴近师生接受习惯，创新学习载体形式，举办"部长进校园"形势报告会、"理论名家讲堂"、"学理论·读经典"等活动，不断增强理论学习效果。

（二）大力推动中国特色社会主义理论体系进教材、进课堂、进头脑

要充分发挥思想政治理论课作为大学生思想政治教育的主渠道、主阵地作用，深化思想政治理论课综合改革，用好马克思主义理论研究和建设工程重点教材，组织编写教辅资料，加强培训督查，推动教材体系向教学体系转化。制定实施思想政治理论课教师队伍建设五年规划，健全上岗培训、全员轮训、技能竞赛、骨干研修、择优资助、国内外访学为一体的培养体系。开足开好必修及选修课程，完善教学质量评价体系，引导教师用贴近学生的话语、先进的技术手段和时代元素，丰富教学内容，改进教学方法，提高教学质量。

（三）扎实推进高校思想理论建设

充分发挥高校学科和专家优势，深化中国特色社会主义理论体系的研究和阐释，把学习研究习近平总书记重要讲话纳入中国特色社会主义理论研究总体规划，努力用科学的理论阐释坚定师生对中国特色社会主义的道路自信、理论自信和制度自信，坚定对实现中华民族伟大复兴中国梦的自信。重点建设好一批马克思主义理论研究和建设创新基地，编写一批马克思

主义理论专业教材，培养一批马克思主义理论学科带头人，造就一批马克思主义理论教育家。大力开展全面建成小康社会、全面深化改革和全面推进依法治国的重大问题研究，实施中国特色新型高校智库建设推进计划，整合优质资源，组织多学科、跨领域的协同研究，打造一批服务于党和政府科学决策的国家智库。

（四）切实加强高校社会实践教育

要为高校师生开展社会实践搭建平台，建立师生社会实践保障体系，探索实践育人的长效机制，开展形式多样的社会实践活动，组织引导高校师生走出校门，到基层去，到工农群众中去，参加社会调查、生产劳动、志愿服务、公益活动等社会实践活动，进一步了解国情、社情、民情，正确认识国家前途命运，正确认识自身社会责任。要高度重视青年教师特别是人文社会科学领域教师的社会实践工作，积极选派青年教师特别是海归教师到基层和实际部门挂职锻炼，引导他们深入了解基层实际，更好地接地气、懂国情。要把学生社会实践纳入学校教育教学总体规划和教学大纲，规定学时和学分，提供必要经费。积极探索和建立社会实践与专业学习相结合、与服务社会相结合、与勤工助学相结合、与择业就业相结合、与创新创业相结合的机制，增强社会实践活动的效果，培养劳动观念和职业道德。加强社会实践基地建设，不断丰富社会实践的内容和形式，提高社会实践的质量和效果，使师生在社会实践活动中受教育、长才干、做贡献。

第二，做大做强正面宣传，为高校改革发展营造良好舆论氛围

新闻宣传是高校宣传思想工作的重要组成部分，是大学进行组织传播、行政管理、舆论引导及文化建设的重要渠道和手段。新闻宣传既要坚持"喉舌"作用，贯彻党和国家的路线政策和教育方针，推动学校中心工作的顺利开展，也要充分掌握和利用新闻规律、发挥现代传媒的优势，加快大学的改革和发展步伐。

（一）提升新闻宣传水平

完善新闻信息发布和新闻发言人制度，高校要统一设立新闻发言人，及时就高校改革发展重大部署和社会关切的热点敏感问题发布信息，妥善做好各类突发事件的舆论引导工作。坚持马克思主义新闻观，进一步改进高校新闻宣传的文风作

风。充分运用新技术，创新教育媒体传播方式，推进高校信息公开，提升教育报刊、教育电视台等媒体传播能力，发挥好中央媒体作用，占领信息传播制高点。建立高校、宣传部门、新闻媒体三方联动宣传机制，把握好时、度、效，弘扬主旋律，传播正能量，为高校改革发展营造良好舆论氛围。

（二）构建新媒体时代新闻宣传工作大平台

在继续发挥校报、广播、宣传橱窗、电子显示屏等校内传统媒体的主导作用的同时，要广泛运用新型手段，克服"本领恐慌"，适应网络、移动信息为代表的新兴媒体的发展，有效应对不断出现的微博、微信、手机短信、手机报等新的传播方式给传统的传播观念和宣传方式带来的巨大挑战。要引导高校网络文化健康发展，开展高校校园网络文化建设专项试点工作，大力推进校报校刊数字化建设，探索建立优秀网络文章在科研成果统计、职务职称评聘方面的认定机制。打造示范性思想理论教育资源网站、学生主题教育网站和网络互动社区，推进辅导员博客、思想政治理论课教师博客、校务微博、校园微信公众账号等网络新媒体的建设，扩大校园网络文化的育人覆盖面，增强渗透力。

（三）强化舆论引导能力

要掌握全媒体环境下的舆情演化和应对规律，主动回应师生关注的国计民生、教育改革发展及校园学习生活热点问题，制订突发事件舆情引导预案，有理有节地开展舆论斗争，帮助师生划清是非界限、澄清模糊认识，有效掌握舆论主导权。要加大网络宣传思想研究和工作推动力度，探索建立线上线下互动一体的宣传思想运行机制，进一步增强运用网络信息技术弘扬主旋律、传播正能量的及时性、有效性。健全网络舆情预警和防控机制，认真做好网上舆论斗争和引导工作。加强网络管理员、监测员、评论员队伍建设，培养一批懂理论、懂网络的宣传骨干。

第三，巩固共同思想道德基础，积极培育和践行社会主义核心价值观

高校肩负着立德树人的根本任务，是培育和践行社会主义核心价值观的示范之区，在全社会具有辐射引领作用。宣传思想工作要紧紧围绕师生成长发展需求，注重教育引导、舆论宣传、文化熏陶、实践养成、制度保障相结合，使社会主义核

心价值观在高校像空气一样无所不在、无时不有，成为师生员工日常学习、工作、生活的基本遵循。

（一）将社会主义核心价值观教育融入大学生思想政治教育中

要把社会主义核心价值观融入高等教育全过程，完善中华优秀传统文化教育，增强大学生的文化自信和价值观自信。高度重视民族团结教育，引导学生自觉维护国家统一和民族团结。积极开展马克思主义宗教观的宣传教育，引导学生正确认识和看待宗教问题。加强校园文化建设，开展好学雷锋和道德模范、各行各业先进模范校园巡讲等活动，推进廉洁教育和廉政文化进校园。发挥青年榜样的示范带动作用，通过青春故事分享交流等形式，推动各行各业青年典型的事迹精神广为传播，引导学生形成向上、向善的精神力量。建立健全大学生志愿服务制度，将志愿服务纳入大学生综合素质评价指标体系。

（二）将社会主义核心价值观教育融入师德师风建设中

要把社会主义核心价值观纳入教师教育课程体系，融入教师职前培养准入、职后培训管理全过程。全面落实《关于建立健全高校师德建设长效机制的意见》，创新师德教育，加强师德宣传，健全师德考核，强化师德监督，注重师德激励，严格师德惩处，推动广大教师坚定理想信念，遵守职业道德，承担育人职责，永怀仁爱之心。充分激发教师加强师德建设的自觉性，鼓励教师弘扬重内省、重慎独的优良传统，在细微处见师德，在日常中守师德，养成师德自律习惯，将师德规范积极主动融入教育教学、科学研究和服务社会的实践中，提高师德践行能力。

（三）将社会主义核心价值观教育融入大学制度建设中

按照社会主义核心价值观的基本要求，推进大学章程建设，完善学校各项规章制度。完善教师管理规定、学生守则公约等师生行为准则，使社会主义核心价值观成为学校生活的基本遵循。建立和规范学校礼仪制度，丰富升国旗仪式、入党入团入选仪式等典礼的内涵，强化仪式庄严感和教育意义。将社会主义核心价值观作为学校基层党团组织主题生活会、党团日、班会的重要内容。建立健全涵盖学业诚信、学术诚信、经济诚信、就业诚信等内容的大学生诚信档案，并将其作为大学生思想政治教育测评的重要依据。构建各学段有机衔接的信用约束机制，分层推进诚信档案建设。

第四，强化阵地意识，牢牢把握高校意识形态工作的领导权、管理权、话语权

高校是意识形态工作的重要阵地。意识形态工作贯穿高校教学、科研、管理各项工作之中，关系着高校的社会主义办学方向。高校党委在任何时候都绝对不能放松坚守意识形态领域工作这根弦，都要牢固树立政治意识、政权意识、使命意识、阵地意识、责任意识，牢牢掌握意识形态工作的领导权、管理权、话语权。

（一）牢牢把握意识形态领导权

高校党委要强化政治责任和领导责任，把意识形态工作纳入重要议事日程，经常研究，及时加强指导。党委书记、校长要旗帜鲜明地站在意识形态工作第一线，敢于担当、敢于亮剑、敢于碰硬。要完善齐抓共管的意识形态工作机制，坚持党政共同抓、党群合力抓、上下联动抓，动员学校各级干部、各支队伍、各类组织、各个部门一起来做这项工作，形成信息沟通和工作协调的联动机制。把意识形态工作情况作为领导班子考核的重要指标，学校党委每半年至少专题研究一次意识形态工作，研判形势，部署工作，有效应对意识形态领域的异动和挑

战。坚持高标准选配高校宣传思想工作干部，把政治坚定和在理论上、笔头上、口才上有专长的优秀干部选拔到宣传思想工作部门。

（二）牢牢把握意识形态管理权

抓好课堂主阵地管理，把坚持党的基本路线作为教学基本要求，制定加强高校课堂教学管理办法，严格执行教师教学考核、教材使用、教学过程督导制度，对在课堂教学中传播错误观点和言论的，要给予严肃批评教育；对态度顽固、不听教育劝阻的，要视情调离、解聘；对散布反动言论或从事非法活动的，要依法依纪严肃处理。聘任外籍人员担任教师，要严格执行国家有关规定。抓好宣传思想阵地管理，绝不给错误思想提供传播空间。加强对校报校刊、广播电视、出版物的内容审核。

（三）牢牢把握意识形态话语权

话语体系是意识形态传播的基本载体。要创新新时期意识形态工作话语体系，提高马克思主义在意识形态领域的说服力和感召力、传播力和影响力。要注重用中国的理论、中国的学术、中国的文化解读马克思主义中国化的最新成果，形成中国特色、中国风格、中国气派的话语体系。特别是要针对西方学术话语占据主导的现状，发挥高校人才优势和学科优势，增强责任感紧迫感，深入总结提炼我们在中国道路中创造的新思想、新经验、新做法，着力打造融通中外、具有普遍适用性和广泛接受度的新概念、新范畴、新表述，讲好中国故事，传播好中国声音。要建立高校意识形态研究中心，及时掌握意识形态动态，研究意识形态工作规律，充分发挥理论专家作用，主动引导思想舆论。健全社会思潮和舆情分析研判机制，及时发现和处理倾向性、苗头性问题，切实把握工作主动权。

第五，推动文化传承创新，建设具有中国特色、体现时代要求的大学文化

高校是传承、传播和创造社会主义先进文化的重要阵地，承担着文化强国的光荣使命，是社会主义文化大繁荣大发展的生力军。高校应以高度的文化自信和文化自觉，把"以文化人"的理念有效融入人才培养全过程，培育和弘扬大学精神，把学校建设成为精神文明建设的示范区和辐射源。

（一）培育和弘扬大学精神

要总结提炼出符合先进文化发展方向的具有鲜明时代特征

的大学精神传统、办学理念与治学文化，推动大学文化建设规划制定、平台构建和体系形成。加强学校博物馆、校史馆、图书馆、档案馆及其他文化设施的建设，挖掘校训中蕴含的人文精神、科学精神，整理校史、院史、学科史和人物史，形成各具特色的学校文化体系。要注重将大学文化景观建设作为培育和弘扬大学精神文化的重要载体，将大学精神和治学文化的内核"审美化""景观化"。要探索建立大学文化建设的评价与反馈机制，根据相关建设指标和师生、校友以及社会各界的反馈情况，在实践中不断积累经验，进一步完善和修订大学文化建设的内容、方式和方法，不断推动大学文化建设迈上新的台阶。

（二）打造大学文化特色品牌

要在校园中建设与校园环境融合、艺术品位高的公共艺术景观作品，在校园时空中形成特殊的文化艺术传播场，从而弘扬学校文化特色，提升大学艺境品位。要着眼于搭建大学文化高端传播平台，精心打造诸如学术大讲堂、"感动校园"、"我爱我师"人物评选、师德论坛等特色文化品牌活动，并使这些活动成为师生开阔视野、激荡思维、启迪心灵的精彩课堂、教育阵地和重要载体。要抓好艺术馆、博物馆、音乐厅等文化场馆建设，坚持"公益性、专业化、高品位"的方针，加

强人文艺术素养教育，努力传播科学精神、人文精神和大学精
神，充分发挥其人文审美的教育、感染和引领作用。

（三）加强优秀传统文化和传统美德教育

要深化理论研究，发挥人才聚集优势，加强中华优秀传
统文化重大理论与实践问题项目研究，力争推出一批有深度、
有分量的研究成果，通过课题资助、学术引领、文化交流、队
伍建设等，把高校打造成中华优秀传统文化的研究基地。要开
设中华优秀传统文化教育课程，纳入学校课程体系，明确学时
学分。注重挖掘专业课程的传统文化内涵，切实加强大学生优
秀传统文化素养的培养和传统美德方面的教育。要注重利用春
节、端午节、中秋节、国庆节等重要节庆日传播中华优秀传统
文化的独特优势，加强对青年学生的文化素质养成教育。要加
强校园文化建设，大力开展以中华优秀传统文化为主题的校园
文化活动，让师生在活动中感悟、体验和接受中华优秀传统文
化，传承和践行中华传统美德。

（原载《中国教育报》，2015 年 2 月 3 日，原题为
《牢牢把握高校宣传思想工作的主要任务》）

浅谈新时代高校思政课改革创新

立德树人——高校思政课改革创新的逻辑起点

国家要发展，离不开人才作为支撑。而人才培养是一个育人和育才相统一的过程，其中育人是本，以德为首。在这方面，大学作为国家培养人才的主阵地和孵化器，承担着重要的立德树人任务。目前我国高等教育培养了数以千万计的大学生，每年都有几百万应届毕业生。他们代表中国的未来。他们的政治立场和价值取向如何，直接和国家的前途命运紧密相连。

高校思想政治理论课作为夯实学生思想基础的主阵地，涉及根本、关系全局、影响长远。特别是习近平总书记在2019年3月18日学校思想政治理论课教师座谈会上的讲话，向我们发出了新时代高校思政课改革创新的动员令，是指导我们在新时代改革创新高校思政课的根本指南。我们贯彻习近平总书记关于办好思想政治理论课的思想，就是要用习近平新时代中国特色社会主义思想铸魂育人，认真思考"为什么办思政课""办什么样的思政课""怎样办好思政课"这三个基本问题，坚持把思政课建设同国家发展的现实目标和未来方向紧密联系在一起，为人民服务，为中国共产党治国理政服务，为巩固和发展中国特色社会主义制度服务，为改革开放和社会主义现代化建设服务，培养更多具有家国情怀、创新能力、全球视野和引领时代的一流人才。

提质增效——高校思政课改革创新的目标指向

目前，在十九大以来新的历史征程中，高校思想政治理论课面临的主要任务是如何进行新的发展。自新中国成立以来，我国的高校思想政治理论课已经经历过六次调整。中国特色社会主义进入新时代后开始的这一轮发展中，高校思政课建设进入了稳中求进、强化提升、整体突破的发展阶段。

目前我们已经规范化了思政课的组织领导、教学方式、教师队伍和教材使用，思政课课程体系也日趋立体完善。特别是"理论教育＋历史教育＋思想品德教育＋时事教育"的进教材、进课堂、进头脑的思政课课程体系更加成熟，基本形成了本硕博三阶段课程贯通的一体化、大中小思政课程教材的一体化、各门教材同步修订和教材统编统审统用的制度。在高校思政课课程和教材一体化建设方面，形成了下述九方面的经验：（1）始终坚持党对思政课建设的全面领导；（2）始终坚持用党的理论创新成果丰富思政课建设内容；（3）始终坚持将立德树人作为思政课建设的核心目标；（4）始终坚持将规律发展作为思政课建设的根本遵循；（5）始终坚持将教材建设作为思政课建设的重要基础；（6）始终坚持思政课课程建设与学科建设同向同行；（7）始终坚持思政课课堂教学体系与实践教学体系同步推进；（8）始终坚持把教师队伍建设作为思政课建设重要抓手；（9）始终坚持思政课顶层设计与自主探索相互结合。

接下来，在新的发展起点上，高校思想政治理论课建设的总目标就是要面向新时代要求，对现行的高校思想政治理论课程进行"提质增效"，即紧密围绕立德树人这个根本任务，增强高校思想政治工作的针对性和实效性，更好地把习近平总书记关于教育的重要论述融入高校思想政治理论课，培养更多的德智体美劳全面发展的社会主义建设者和接班人。应该说，这个目标在目前世界面临百年未有之大变局、中国面对民族伟大复兴战略全局的情势下，还没有现成的坐标和经验可以参照。这既是一个挑战，也是一个机遇，高校思想政治理论课正好可以利用这个节点多做研究、多出理论、做出成效。

党的领导——高校思政课改革创新的制度选择

在这个背景下，十九大以来党中央围绕高校思政课建设发展先后出台多项改革举措，中央先后召开全国高校思想政治工作会议、全国教育大会、全国思想政治理论课教师座谈会，习近平总书记都亲自出席并发表重要讲话。2019 年 8 月 14 日，中办国办又印发了《关于深化新时代学校思想政治理论课改革创新的若干意见》(以下简称《意见》)，为贯彻落实学校思想政治理论课教师座谈会精神规划了路线图和施工图。上述会议和文件体现了党中央对高校思政课建设的高度重视。不过，必须指出的是，人才培养从来都不是轻轻松松、敲锣打鼓就能实现的。目前高校思想政治理论课的发展现状和中央的期待相比，还存在思想多元、价值多元的挑战。

基于此，《意见》将"加强党对思政课建设的领导"独立成章，充分反映了党中央和国务院对加强思政课建设工作领导的坚定态度和坚强决心，为坚决打好思政课提质增效的攻坚战提供了具体的制度方案。第一，落实党委对学校思政课建设全局的主体责任。《意见》明确提出把思政课建设情况纳入各级党委意识形态责任制，进一步明确：凡涉及思政课教学考试、学生培养、队伍建设、支撑保障乃至干部任用和公共资源使用等都是党委自身工作的基本职责。第二，加强对学校思政课教师队伍建设的支持力度。《意见》明确了学校党委在研究成果评价、思政课教师来源和教师专业技术职务（职称）评聘等方面的职责任务。第三，强化党委对思政课社会实践、评奖评优、理论宣传、对外合作等校内外两种资源的协调统筹，加快形成学校教育和社会教育相互融合的深度发展格局。第四，学校党委要大力推动习近平新时代中国特色社会主义思想、党中央治国理政新理念新思想新战略、党的革命文化、社会主义先进文化等思想理论的"三进"工作，加强党的理论对思政课教学的思想引领，为学生正确价值观的形成提供丰富的思想营养。

（原载《光明日报》，2019 年 12 月 24 日，原题为
《新时代高校思政课如何改革创新》）

辑　三

德育：高校最应重视的基础课

新时代高校德育工作的前提

新时代高校德育工作的前提是贯彻党的教育方针，加强高校党的建设，坚持用习近平新时代中国特色社会主义思想铸魂育人，从而才能落实立德树人的根本任务，全面提升中国特色社会主义大学育人育才水平。

充分认识新时代全面加强高校党的建设的重大意义

坚持党对高校的领导，是中国特色社会主义大学的本质特征，也是中国特色社会主义大学的最大政治优势。新中国成立以来我国高等教育发展的辉煌历程充分证明，只有不断根据形势和任务的发展变化来提升和完善党对高校的领导，才能保证高校更好地为人民服务、为中国共产党治国理政服务、为巩固和发展中国特色社会主义制度服务、为改革开放和社会主义现代化建设服务。这是已经被历史反复证明了的中国高等教育发展的一条基本规律。

当前，党和国家事业正处在一个关键时期，新时代对全面加强高校党的建设提出了全新要求。一方面，中华民族伟大复兴的使命召唤，使得我们对高等教育的需要比以往任何时候都更加迫切，对科学知识和卓越人才的渴求比以往任何时候都更加强烈，只有全面加强高校党的领导，才能使得高校更加适应新时代发展的需要，更好地把自身发展的目标和国家发展的目标有机地融合在一起。另一方面，高等教育发展迎来了由大变强的关键时期，高等院校的改革和发展面临着许多前所未有的问题和挑战，特别是意识形态领域在高等院校呈现复杂态势，青年大学生思想政治工作暴露出了一些缺陷和短板。在这种情况下，高等院校要防范和化解一些潜在的重大风险，就必须进一步加强和改善高校党的领导，通过全面提升高校党组织应对复杂问题的能力来维护高校的和谐稳定。

正是站在培养德智体美劳全面发展的社会主义建设者和接班人、切实维护高校政治安全的战略高度，第二十六次全国高校党的建设工作会议再次重申了全面加强高校党的建设和思想政治工作的深远历史意义和重大现实意义，对高校面临的形势任务进行了科学分析，对下一步工作进行了重点部署，这对于做好高校党建和思想政治工作，破解可能面临的各种风险和挑战，更好地坚持和加强党对高校的全面领导，具有很强的现实针对性和指导性。

以完善党委领导下的校长负责制为抓手，进一步夯实高校党的建设

党委领导下的校长负责制，是中国特色社会主义大学的根本领导和管理体制，是中国特色现代大学制度的核心，是高校加强党的领导的制度基础。回顾历史，可以清醒看出，高等院校要把党的领导和建设各项要求落到实处，必须紧紧依靠这一制度。党委领导下的校长负责制的雏形诞生于抗日战争时期的陕北公学，陕北公学开创性地实行了党组领导下的校长负责制，保证了以陕北公学为代表的红色高等教育发展始终与民族救亡大业同向同行。新中国成立后，1961 年公布的"高校六十条"明确指出高校实行党委领导下的以校长为首的校务委员会负责制，确保了新中国成立后高等教育的社会主义办学方向。党的十一届三中全会后，普通高校全面确立了党委领导下的校长负责制，为新时期高校改革发展提供了坚实的政治保证。

　　党的十八大以来，面对新形势，党中央统筹谋划，加强高校党的建设顶层设计，在 2016 年全国高校思想政治工作会议上，以习近平同志为核心的党中央站在民族复兴的战略高度，对新时代高校党的建设提出了明确要求，进一步阐明了高校党委领导下的校长负责制的内涵、地位和作用。新时代，高校学习贯彻习近平总书记关于高校党建和思想政治工作的重要讲话精神，树牢"四个意识"，坚定"四个自信"，做到"两个维护"，强化党委管党治党主体责任。提升办学治校能力，必须紧紧依靠这一制度。

　　在新时代，我们必须深刻领会中央精神，不断健全和完善党对高校工作的领导体制和工作机制，充分发挥学校党委在把方向、管大局、作决策、抓班子、带队伍、保落实等方面的核心作用，努力形成党委统一领导、各部门各方面齐抓共管的工作格局。

高校党的建设和思想政治工作必须紧扣立德树人这一中心环节

　　党的十八大以来，习近平总书记就高校党的建设和思想政治工作发表一系列重要讲话、提出一系列明确要求，深入回答了事关高校党的建设和思想政治工作的方向性、根本性问题。习近平总书记关于高校党建和思想政治工作的系列重要论述，始终围绕立德树人这一核心问题。习近平总书记反复强调，高校立身之本在于立德树人。深入贯彻习近平总书记重要讲话精神，进一步明确高校党建和思想政治工作的目的和初衷，推进高校党的建设和思想政治工作，为培养德智体美劳全面发展的社会主义建设者和接班人提供坚强保证。

围绕立德树人中心环节，高校党建和思想政治工作主要是发挥好政治引领和价值引领这"两个引领"作用。从政治引领角度讲，就是要通过高校党组织建设，始终确保中国特色社会主义大学的正确政治方向，不折不扣地贯彻落实党的教育方针和中央各项决策部署，确保高校师生在政治立场、政治方向、政治原则、政治道路上同以习近平同志为核心的党中央保持高度一致。从价值引领角度讲，就是通过创新思想政治工作，引导广大师生特别是青年学子正确认识世界和中国发展大势、正确认识中国特色和国际比较、正确认识时代责任和历史使命、正确认识远大抱负和脚踏实地的关系，自觉做社会主义核心价值观的坚定信仰者、积极传播者、模范践行者。

立德树人工作是一项涉及党和国家长治久安的战略安排，要把战略安排转化成为落地生根的具体"战术"要求，需要全国各个学校结合自身实际创造性地开展工作。习近平总书记在学校思想政治理论课教师座谈会上的重要讲话，对学校思想政治理论课改革创新提出明确要求，对广大思想政治理论课教师提出殷切期望。习近平总书记指出，我们党立志于中华民族千秋伟业，必须培养一代又一代拥护中国共产党领导和我国社会主义制度、立志为中国特色社会主义事业奋斗终身的有用人才。在这个根本问题上，必须旗帜鲜明、毫不含糊。在新形势下，我们要深入贯彻落实习近平总书记在学校思想政治理论课教师座谈会上的重要讲话精神，研究新问题、攻关新难题、聚焦新课题，进一步健全全员育人、全过程育人、全方位育人的体制机制，在助力师生坚定理想信念、厚植爱国情怀、加强品德修养、增长知识见识、培养奋斗精神、提高综合素质等方面加大探索，在立德树人方面贡献更多智慧和经验，为建设高等教育强国做出新贡献。

（原载《学习时报》，2019 年 4 月 1 日，原题为
《将党的领导贯穿到立德树人全过程》）

社会主义核心价值观与立德树人

教育是民族振兴和社会进步的基石。实现中华民族伟大复兴的中国梦，必须坚持教育优先发展，必须把立德树人作为教育的根本任务。立德树人是发展中国特色社会主义教育事业的核心，也是培养中国特色社会主义合格建设者和可靠接班人的本质要求。党的十八大提出的社会主义核心价值观明确了新时期"德"的科学内涵，为高校落实立德树人的根本任务赋予了新内涵、新任务和新要求。在全国高校思想政治工作会议上，习近平总书记强调："我们的高校是党领导下的高校，是中国特色社会主义高校。办好我们的高校，必须坚持以马克思主义为指导，全面贯彻党的教育方针。……要坚持不懈培育和弘扬社会主义核心价值观，引导广大师生做社会主义核心价值观的坚定信仰者、积极传播者、模范践行者。"培育和践行社会主义核心价值观对于办好中国特色社会主义大学有着重要的现实意义和深远的历史影响，我们应坚持将其作为落实立德树人根本任务的中心工作来推动。

第一，立德树人是办好中国特色社会主义大学的首要使命和根本任务

"立德""树人"思想在中国由来已久，是中华传统文化的精华。"立德"思想可追溯到先秦时期提出的"三不朽"。《左传·襄公二十四年》中有这样的记述："太上有立德，其次有立功，其次有立言，虽久不废，此之谓不朽。""立德""立功""立言"三者，被中国传统社会士人奉为人生的"不朽"追求。其中，"立德"是从道德操守的角度，强调有高尚的道德修养，成为后世效法的榜样，便能人格不朽；"立功"是从事业功绩的角度，强调为国为民建功立业，为社会发展进步做贡献，便能事业不朽；"立言"则是从思想言论的角度，强调著书立说，丰富人类思想成果，便能思想不朽。在三者中，"立德"居首，被视为"立功""立言"的前提和基础，这深刻反映了传统中国社会对德和德育的高度重视。"树人"思想也可回溯至先秦时期，《管子·权修》中有"一年之计，莫如树谷；十年之计，莫如树木；终身之计，莫如树人"的说法，其大意是说，种粮食是为当年打算，种树是为十年后打算，而培养人才则是为长远打算。"树人"思想充分体现了中国传统社会对人才及人才培养的高度重视。由于"立德""树人"两个概念的关联度较高，因而人们在实践中逐步将它们直接联系起来合并为一个词使用。深厚的历史和无数事实证明，"德"不可能自然形成而需要"立"，"人"不可能自发成才而需要"树"。"立"，是培育、修养、践行之意；"树"，是培养、造就、锻炼之意。"立德"是为了"树人"，而"树人"首先要"立德"。离开"立德"谈"树人"，就会偏离正确方向，"树"不好"人"；而离开"树人"谈"立德"，则会流于形式，"立"不好"德"。

立德树人是中国共产党兴教办学的优良传统。中国共产党作为中国优秀传统文化的忠实继承者和弘扬者，一贯高度重视对立德树人教育理念的传承和弘扬。以毛泽东、邓小平、江泽民、胡锦涛、习近平为代表的中国共产党人始终强调立德树人的重要性。在毛泽东的德育思想中，德育工作是与政治工作、思想工作具有一致性的，因为"思想和政治是统帅，是灵魂"。毛泽东非常重视立德树人在社会主义革命和建设中的重要作用，强调"青年应该把坚定正确的政治方向放在第一位"。在1939年为延安"抗大"制定教育方针时，他把"坚定正确的政治方向"作为基本方针之一。在社会主义建设时期，他强调要使受教育者在德、智、体几方面都得到发展，"成为有社会主义觉悟的有文化的劳动者"。邓小平在开创中国特色社会主义事业的过程中始终把立德树人办教育放在十分重要的位置，形成了"德育为首"的教育理念。他还提出要培育"有理想、有道德、有文化、有纪律"的社会主义公民，不断提高中华民族的思想道德素质和科学文化素质。江泽民将立德树人教育纳入"以德治国"的战略体系，提出"德育首位"的理念。他指出，在各级各类学校中"要把德育放在首位，确立正确的政治方向"。胡锦涛对新时期新阶段的教育事业非常重视，曾提出"育人为本、德育为先、能力为重、全面发展"的教育理念和方针。他指出："要使大学生成长为中国特色社会主义事业的合格建设者和可靠接班人，不仅要大力提高他们的科学文化素质，更要大力提高他们的思想政治素质。只有真正把这项工作做好了，才能确保党和人民的事业代代相传、长治久安。"

立德树人是新形势下办好中国特色社会主义大学的首要使命和根本任务。党的十八大明确提出"把立德树人作为教育的根本任务"，"努力办好人民满意的教育。教育是民族振兴和社会进步的基石。要坚持教育优先发展，全面贯彻党的教育方针，坚持教育为社会主义现代化建设服务、为人民服务，把立德树人作为教育的根本任务，培养德智体美全面发展的社会主义建设者和接班人"。这是第一次对立德树人作为我国教育发展基本方略的深刻阐释。在第 23 次全国高等学校党的建设工作会议上，习近平总书记做出重要指示："办好中国特色社会主义大学，要坚持立德树人，把培育和践行社会主义核心价值观融入教书育人全过程。""办好中国特色社会主义大学"这一命题包含两个层面的意蕴：其一，我国的高校是社会主义性质的大学，大学的办学方向必须体现社会主义的本质要求；其二，我国的大学是具有中国特色的大学，大学教育必须植根于中华文明的沃土，必须服务于中国特色社会主义事业的发展，必须反映中国最广大人民群众的意愿，必须适应中国发展要求和世界进步趋势。习近平总书记的这一重要指示旗帜鲜明地指出了我们办好中国特色社会主义大学的首要使命和根本任务——立德树人。

在新阶段新时期，我们把立德树人作为教育的根本任务，抓住了教育的本质要求，明确了教育的根本使命，这是符合教育发展规律和人才培养规律的。立德树人，既彰显了对中华传统文化精华的继承，又回应了当今时代社会发展进步的要求，同时也是对"重智轻德"倾向的纠治，它是在新的历史阶段提出的新的教育理念和教育方略，有着崭新的科学内涵和丰富的理论意蕴。具体地说，我们今天立"德"就是立"社会主义核心价值观"，树"人"就是树"德智体美全面发展的社会主义建设者和接班人"。办好中国特色社会主义大学，落实立德树人根本任务，必须在教书育人的全过程、全方位、各环节积极弘扬、培育和践行社会主义核心价值观。

第二，培育和践行社会主义核心价值观是高校落实立德树人根本任务的中心工作

培育和践行社会主义核心价值观，是推进中国特色社会主义伟大事业顺利发展的重要战略部署，也是实现中华民族伟大复兴中国梦的重大战略任务，它关乎民族的命运、关乎国家的前途，也关联着每个公民个体的价值取向。培育和践行社会主义核心价值观对于高校教育事业既有特殊的价值和意义，又是高校必须承担的重要责任和使命。高校应把培育和践行社会主义核心价值观作为落实立德树人根本任务的中心工作来抓，引导广大师生树立正确的世界观、人生观、价值观。

（一）社会主义核心价值观明确了新时期"德"的科学内涵

"德者，本也。"（《礼记·大学》）道德之于个人和社会都

具有基础性的意义，它的力量广泛而深刻，不仅深刻地影响着人们的意志、行为和品格，也深刻地影响着社会的存在和发展。每一个时代、每一个社会都有与其经济基础相适应的占统治地位的道德。如中国传统社会奉行"仁义礼智信、温良恭俭让、忠孝勇恭廉"的道德标准，西方现代社会追求"自由、平等、博爱"的价值准则。在当今中国社会，随着物质文明的不断发展，精神文明也在不断发展，道德作为精神文明的核心内容也在不断进步，并且在社会生活中发挥着越来越重要的作用，在促进社会和谐和人的全面发展过程中处于越来越重要的地位。国无德不兴，人无德不立。我国是一个有着约14亿人口、56个民族的大国，确立全国各族人民共同认同的"德"，既关乎国家的前途命运，又关涉人民的幸福安康。党的十八大提出的社会主义核心价值观，把涉及国家、社会、公民的价值要求融为一体，既体现了社会主义本质要求，继承了中华优秀传统文化，也吸收了世界文明有益成果，体现了时代精神。社会主义核心价值观有关国家、社会和个人三个层面的基本内容为我们协调处理个人与国家、个人与社会、人与人之间的关系确立了价值依据和价值标准，事实上也明确了新时期"德"的科学内涵。对于这一点，习近平总书记曾在北京大学师生座谈会上明确指出："核心价值观，其实就是一种德，既是个人的德，也是一种大德，就是国家的德、社会的德。"社会主义核心价值观是融合了国家道德、社会道德和个人道德的三位一体、不可分割的道德体系，它既是新时期我们国家、社会和个人应崇尚的"德"、遵守的"德"，也是高校落实立德树人根本任务要立的"德"。

（二）高校是培育和践行社会主义核心价值观的重要阵地

"大学之道，在明明德，在亲民，在止于至善。"（《礼记·大学》）如果说社会主义核心价值观是新时期的"德"，那么高校就应当成为培育和践行社会主义核心价值观的主阵地、先行者和推动者；如果说大学之道在"明明德"，那么培育和践行社会主义核心价值观就是办好中国特色社会主义大学的首要之"道"。面对世界范围内思想文化交流交融交锋形势下价值观较量的新态势，面对改革开放和发展社会主义市场经济条件下思想意识多元、多样、多变的新特点，高校作为意识形态教育和社会价值引领的重要主体，是社会主义先进思想文化建设的主要阵地，在社会主义核心价值观教育和建设中地位突出、使命光荣、责任重大。高校积极培育和践行社会主义核心价值观，对于"巩固马克思主义在意识形态领域的指导地位，巩固全党全国人民团结奋斗的共同思想基础"，对于促进青年学生的全面发展、引领中国社会的全面进步，对于全面建成小康社会、实现中华民族伟大复兴的中国梦，具有重要的现实意义和深远的历史影响。正如习近平总书记在第20次全国高等学校党的建设工作会议上所指出的那样："高校是教育培养青年人才的重要园地，也是用社会主义核心价值体系武装青年的重要思想阵地。"培育和践行社会主义核心价值观是高校庄严的使命和义不容辞的责任。高校应自觉肩负起培育和践行社会主义核心价值观的责任，做社会主义核心价值观理论研究和教育的急先锋，做社会主义核心价值观弘扬和践履的实干家。

（三）培育和践行社会主义核心价值观是高校落实立德树人根本任务的中心工作

育人先育德，育德先育魂。立德树人就是要解决"办什么样的大学、怎样办好大学，培养什么人、怎样培养人"的重大问题。而"立什么德、如何立德，树什么人、如何树人"直接关系着对这一重大问题的正确回答。党的十八大提出的社会主义核心价值观明确了新时期"德"的内涵，实际上也指明了高校落实立德树人根本任务的中心工作。高校作为高端人才的培育者、科技创新的引领者、社会发展的推动者、优秀文化的传承者、人文交流的先行者，要积极探索和创新培育及践行社会主义核心价值观的体制机制与方式方法，把培育和践行社会主义核心价值观作为高校落实立德树人根本任务的切入点、突破口和落脚点。坚持抓好青年学生这个社会主义核心价值观培育和践行的重点群体，把好青年学生道德规范、思想品格和价值取向的发展态势，扣好青年学生思想观念的扣子，引好青年学生成长成才的路子。特别是要通过深入的理论阐释与宣传、持续的实践养成教育，引导青年学生信奉和持守富强、民主、文明、和谐的国家道德价值目标，信奉和持守自由、平等、公正、法治的社会道德价值取向，信奉和持守爱国、敬业、诚信、友善的个人道德价值准则；不断加深青年学生对中国特色社会主义的思想认同、价值认同、理论认同、情感认同，不断增强青年学生对中国特色社会主义的道路自信、理论自信、制度自信、文化自信，不断增强青年学生的价值判断能力、价值选择能力和价值塑造能力，不断促使青年学生形成善良的道德意愿和道德情感、正确的道德判断和道德责任、自觉的道德实践能力。从而使广大青年学生成为中国特色社会主义事业的合格建设者和可靠接班人，让一代又一代年轻人成为实现我们民族梦想的正能量。

第三，高校在立德树人全过程中培育和践行社会主义核心价值观的路径选择

立德树人是中国特色教育事业的根本任务。社会主义核心价值观赋予高校的立德树人以新内涵、新任务和新要求。高校要对社会主义核心价值观的培育和践行工作高度重视、科学规划、精心组织、加强领导，使社会主义核心价值观成为育人之本、兴校之基、办学之魂，成为创建"双一流"大学的深厚文化内涵和鲜明发展特色。

（一）突出理论引领，深入阐释社会主义核心价值观的深刻内涵和实践要求

进行理论研究、宣传和教育是高校培育和践行社会主义核心价值观的独特优势和重要抓手。做好理论引领，是高校培育和践行社会主义核心价值观的首要工作。一要发挥高校的科学研究优势。现在大多数高校都拥有一支马克思主义理论教学和研究队伍，要充分信任和发挥这些领域的专家学者的研究专长和优势，支持和引导广大专家学者深入阐释社会主义核心价值观的历史源流、时代背景、现实意义、丰富内涵和实践要求，为培育和践行社会主义核心价值观提供厚实的学理支撑。二要

发挥高校的宣传教育特长。高校既有从事思想政治理论课教育教学的教师队伍，又有从事意识形态宣传教育工作的专业人才。思想政治理论课是高校培育和践行社会主义核心价值观的主要渠道和核心课程。思想政治理论课教师要精心组织、认真讲授、悉心指导，深入浅出地讲清楚社会主义核心价值观的基础理论知识，使社会主义核心价值观的基本理念入脑入心，内化于心、外化于行。高校意识形态宣传教育工作者要占领和拓展宣传教育阵地，扩大社会主义核心价值观在学校各层面、各领域的覆盖面和影响力，特别是要发挥网络新媒体的优势，让社会主义核心价值观的正能量直达学生的日常生活，引导青年学生在复杂的社会环境和多元的社会思潮中明辨是非、崇德修身。

（二）强化实践养成，着力引导社会主义核心价值观的培育活动和践行行动

知行统一是教育的追求，知是前提，行是关键。社会主义核心价值观作为一种社会意识，具有高度的抽象性和概括性。习近平总书记在中共中央政治局第十三次集体学习时强调："一种价值观要真正发挥作用，必须融入社会生活，让人们在实践中感知它、领悟它。……在落细、落小、落实上下功夫。"实践是检验社会主义核心价值观培育和践行效果的唯一标尺。这也正如习近平总书记所讲："道不可坐论，德不能空谈。于实处用力，从知行合一上下功夫，核心价值观才能内化为人们的精神追求，外化为人们的自觉行动。"高校在培育和践行社会主义核心价值观的过程中，要重点抓好实践养成这一关键环节。高校要通过丰富多彩的培育活动和形式多样的践行行动，让社会主义核心价值观的价值理念日常化、具体化、形象化、生活化，使社会主义核心价值观成为青年学生日常的行为准则，进而形成自觉奉行的信念。一要把思想政治理论课内容延伸到学生的日常生活，让教育内容接地气、有生气，能够指导和帮助学生认识和解决日常生活中的疑惑和问题；二要把显性知识隐化到学生的集体活动中，有目的、有策略、有意义地设计和组织学生的集体活动，让学生通过参与集体活动受到价值观念的熏染，得到道德规范的教化；三要把理论研习拓展到校外实践课程，完善实践课程体系，开发实践活动和实践基地，让学生走出校园、进入社会，去感受和传递社会主义核心价值观的力量。

（三）开展文化熏陶，全面营造社会主义核心价值观的弘扬氛围和知行常态

大学文化在引导人、培养人、塑造人的过程中发挥着举足轻重的作用，它是引导和激励青年学生积极向上、奋发有为的一面旗帜。高校立德树人，以文化人、以文育人，要以社会主义核心价值观为灵魂和纲领，全面营造弘扬、培育和践行社会主义核心价值观的良好氛围和态势。一要发挥校园文化的熏陶作用。把社会主义核心价值观融入校园文化建设，弘扬主旋律，传播正能量，打造校园文化品牌活动，激励学生崇德向善、见贤思齐，鼓励全校师生积善成德、明德惟馨，培育知荣辱、讲正气、做奉献、促和谐的良好风尚。二要发挥优秀传统文化的涵育作用。中华优秀传统文化是涵养社会主义核心价值观的重要源泉。高校一方面要加强对中华优秀传统文化经典的学习、宣传和教育；另一方面也要挖掘高校自身的优良传统，利用学校历史、校训文化、大师风范来教育学生尊重历史、尊重传统、爱校爱党爱国。三要发挥师德文化的感染作用。"老师是学生道德修养的镜子。"师德对学生道德观、价值观的形成极为重要。高校要加强师德建设，每一位教师都要做社会主义核心价值观的坚定信仰者和忠实践行者，以高尚的师德文化感染学生、教化学生。四要发挥先进网络文化的带动作用。网络文化对当代大学生价值观的塑造有着突出的作用，高校要积极引导和管控校园网络舆论，打造传播社会主义核心价值观的网络媒体阵地，为青年学生开创清朗的网络空间，传播主流价值观。

（四）夯实制度保障，确保践履社会主义核心价值观的政策环境和制度支撑

培育和践行社会主义核心价值观，除了要发挥理论教育的涵养作用以及实践行为的塑造作用外，还需要建立健全相关制度，发挥制度机制的刚性约束作用。一要用制度形式把培育和践行社会主义核心价值观落实到高校的发展规划中，使社会主义核心价值观成为高校改革发展必须遵循的价值理念，形成有利于弘扬、培育和践行社会主义核心价值观的导向机制、熔炼体系与工作队伍。二要把培育和践行社会主义核心价值观作为建构高校治理模式的重要遵循，融入高校治理的制度建设和实际工作中。社会主义核心价值观要内化为高校兴教办学、治校理政的价值遵循，形成科学有效的权益保障机制、利益协调机制、矛盾调处机制，完善学校的各项规章制度，强化各级规章制度的实施力度，使符合社会主义核心价值观的行为得到鼓励、违背社会主义核心价值观的行为受到制约与惩处。三要做好思想政治理论课落实立德树人任务、培育和践行社会主义核心价值观的制度安排。通过制度安排，积极推动社会主义核心价值观进教材、进课堂、进头脑。四要建立社会主义核心价值

观的宣传教育制度。积极推动学校各级宣传部门、团学组织、社团组织、校园传播媒介等多部门、多渠道，把社会主义核心价值观融入各类实践课程、文体活动，通过精彩的故事、鲜活的语言、丰满的人物、活泼的形式传递真善美，传递积极的人生态度和高尚的道德情操，以高尚的精神塑造人，以优秀的作品鼓舞人。

（五）加强组织建设，健全培育和践行社会主义核心价值观的领导体制和工作机制

培育和践行社会主义核心价值观是强基固本的灵魂工程。高校是弘扬、培育和践行社会主义核心价值观的重要阵地，青年学生是培育和践行社会主义核心价值观的重点人群。高校理应高度重视，以久久为功的韧劲和耐心，保持这项大工程、大战略的连续性和稳定性。一要完善领导体制和工作机制。高校党委要把社会主义核心价值观建设提上重要议事日程，纳入学校改革发展规划，深入研究中央精神，坚决落实党中央的要求，密切联系学校实际，及时解决工作困难，加强组织领导和工作指导，建立健全党委统一领导、党政分工合作、协调运行的领导体制和工作机制。二要建立健全工作责任制。高校各相关部门和组织要履好职、尽好责，把社会主义核心价值观建设作为分内之事、分内之责，发挥各自优势，加强协同配合，形成同向、同行的强大正效应。三要加强督促检查。高校各相关部门和组织要把社会主义核心价值观建设工作纳入工作业绩考核评价体系，建立可靠的评价体系，制定具体可行的考评办法，定期对主要责任单位和责任人进行督促检查，以保证高校培育和践行社会主义核心价值观的战略任务得到有效的贯彻落实。

（原载《社会主义核心价值观研究》2016 年第 6 期，原题为《坚持把培育和践行社会主义核心价值观作为高校立德树人的中心工作》）

在新时代培养民族复兴的有用之才

习近平总书记在全国教育大会的讲话，全面总结了十八大以来我国教育改革发展过程中的历史性变革和历史性成就，科学概括了我国教育发展的"九个坚持"的宝贵经验，并从增强中华民族创新创造活力、实现中华民族伟大复兴的战略高度对新时代我国教育事业的发展指明了方向，吹响了加快发展具有中国特色、世界水平的现代化教育的号角，为新时代教育改革发展谋划了新的蓝图。

立德树人是教育根本

在全国教育大会上，习近平总书记着眼于实现中华民族伟大复兴的根本目标，针对当前德智体美教育不平衡、不充分的问题进行了重点强调，做出了很多具有现实针对性的重要论述，对进一步完善党的教育政策、更好落实党的教育方针具有重要意义。

总书记的讲话，鲜明强调了美育的重要性。8月30日，习近平总书记给中央美术学院老教授的回信中对做好新时代美育工作做了批示，明确要求"做好美育工作，要坚持立德树人，扎根时代生活，遵循美育特点，弘扬中华美育精神，让祖国青年一代身心都健康成长"。这次会上再次对美育工作进行了强调，体现了总书记对教育规律的深刻洞察，对于改变以往院校对美育教育重视不足的状况将起到重要推动作用。

讲话鲜明地强调了体育的重要性。广大青少年身心健康、体魄强健、意志坚强、充满活力，是一个民族旺盛生命力的体现，是现代文明进步的标志。总书记对青少年体育工作进行专门强调，体现了党中央对青少年的关心关爱，对国家和民族未来的高度负责。

回应现实问题，促进德智体美劳全面发展

这次大会上，总书记鲜明强调了劳动教育的重要性问题。这既是对现实问题的回应，也是对教育规律的回归，对于我们

深化对新时代教育方针的理解具有重大意义。众所周知，人世间的美好梦想，只有通过诚实劳动才能实现；发展中的各种难题，只有通过诚实劳动才能破解；生命里的一切辉煌，只有通过诚实劳动才能铸就。但一段时间以来，从宏观社会层面上讲，由于物质条件和生活环境前所未有的改善，使青少年直接投身劳动第一线主动接受劳动教育的机会越来越小；从微观家庭层面讲，由于独生子女居多，大人们自觉不自觉地包揽了孩子的一切，加上课业负担沉重等原因，对青少年主动进行劳动教育的机会也越来越少。这一代青少年承担着实现"两个一百年"奋斗目标的艰巨使命，让他们从小就懂得劳动的重要性，牢固树立劳动最光荣、劳动最崇高、劳动最伟大、劳动最美丽的观念，培育深厚的劳动情怀，意义格外重大。要通过劳动教育让他们懂得中华民族伟大复兴绝不是轻轻松松、敲锣打鼓就能实现的，需要新时代的青少年接续奋斗，这样才能自觉肩负起自己的职责和使命。

守住思政工作生命线

坚持立德树人，培养能够担当民族复兴大任的德智体美劳全面发展的社会主义建设者和接班人，是我们各级各类教育的共同使命。加强和改进高校思想政治工作，是办好中国特色社会主义大学的根本保证。党的领导为实现中华民族伟大复兴提供最强大的保证，是国家利益所在、人民幸福所系。当前，世情、国情、党情、教情、社情都发生着深刻变化，各种思想文化和价值观念交流交融交锋，高校师生的政治意识、大局意识、忧患意识和责任意识遭遇前所未有的挑战。加强和改进高校思想政治工作，比以往任何时候都更加紧迫、更加重要。在高等教育战线切实贯彻党中央重大决策部署，可以提升高校统筹国际国内两个大局的能力、引领思想文化的能力、驾驭复杂局面的能力和应对突发事件的能力。

新时代加强和改进高校思想政治工作，一是要重点做好学生的思想政治工作。出生于改革开放新时期、成长于中国特色社会主义新时代的学生思维活跃、权利意识比较强，这是这一代学生的特点。思想政治工作从根本上说是做人的工作，要遵循学生成长规律、教育规律、思想政治工作规律，充分发挥思想政治工作的优良传统。要坚持不懈地培育和弘扬社会主义核心价值观，引导广大师生做社会主义核心价值观的坚定信仰者、积极传播者和模范践行者。要坚持不懈地促进高校和谐稳定，培育理性平和的健康心态，加强人文关怀和心理疏导，把高校建设成为安定团结的模范之地。二是要做好教师思想政治工作。百年大计，教育为本；教育大计，教师为本。习近平总书记指出，建设社会主义现代化强国，对教师队伍建设提出了新的更高要求，也对全党全社会尊师重教提出了新的更高要求，每个教师都要珍惜这份光荣，爱惜这份职业，严格要求自己，不断完善自己。"师者，人之模范也。"老师的一言一行都给学生以极大影响，所以要把师德师风作为评价教师队伍素质的第一标准。高校要加强和改进教师思想政治工作，健全师德师风评价体系，完善师德建设制度规范，推动教师队伍自觉承担起传道授业解惑的光荣职责，恪守职业道德规范，不断坚定崇高理想和热爱教育的定力。

（原载《光明日报》，2018 年 9 月 13 日，原题为《准确把握新时代新形势培养民族复兴的有用之才》）

辑　四

忆前辈

文化守望者

——忆顾骧先生

2015年1月2日，顾骧先生在北京去世。时光荏苒，转眼间，半年多过去了，那个头发灰白、温厚儒雅、彬彬有礼、风度翩然的长者已经背向我们，渐行渐远……但奇怪的是，随着时光流逝，顾骧先生的形象，在我心中却越发清晰和生动起来。或许是因为人天暌隔，使我能够更加沉静和理性，能够把先生一生的经历，以及他的著作、思想、言论，置于更宏阔的历史背景下审视和品味，从而更从容、更客观地认识和思考他的一生，感受他一生的得与失。在我心目中，顾骧先生是一个有着传统士人情怀的知识分子，他在少年时代投笔从戎参加革命，栉风沐雨几十年，这期间，不论外界如何风云变幻，面对任何困难和诱惑，他始终不忘初心，心怀家国，坚持自己的独立思考、独立人格，倾尽个人才华能力，投身于有益社稷民生的事业。其治学、为人、为文的风骨，其始终置身于生活激流之中的勇气和胆识，令人感佩、敬重，堪为后辈典范，值得我们追思和怀念。

一

我和顾骧先生称得上是校友兼同行。说是校友，是因为我们都曾就读于中国人民大学，为此他常称呼我为"小师妹"，而我也乐意越过辈分差别，直呼其为"顾兄"。说是同行，因为我们都长期从事马克思主义理论宣传教育工作——我曾在教育部社政司工作多年，主管高校思想理论教育和宣传。顾骧先生属于新中国成立后成长起来的马克思主义理论工作者，他曾任中央音乐学院马列主义教研室负责人、党委宣传部部长，文化部理论组组长等职务，他在 20 世纪 60 年代初与人合著的《哲学教科书》《辩证唯物主义》，作为当年北方各大学的哲学教材，产生过广泛的影响。因为学科专业和工作性质相同的缘故，他也经常称呼我为"同行"。

与顾骧先生相识，是在 20 世纪 80 年代中后期的一次马克思主义理论教育研讨会上。在那次会上，顾骧先生有过一段使人印象深刻的发言。我那时接触思想理论教育工作不久，还很不入行，他的理论水平、学识修养和风度仪表，给我留下了深刻印象。之后，又有不多的几次座谈会、研讨会上的接触，都是彼此见面，客客气气地寒暄。记得 20 世纪 90 年代中期，我曾就高校思想政治理论课的一个问题求教于顾先生，他的见解和教诲让我对他的思想理论功底有了更深入的了解。此后每每有什么思想理论方面的困惑，我都愿意去找老先生聊聊，老先生也总是欣欣然不吝赐教，让我每次都有收获。这样淡如水的君子之交持续了多年，直到 2003 年的一次拜访中，我才得知我和顾先生不仅同为人大校友，而且从学科专业的角度说也是同出一门。从此，顾先生开始经常称呼我为"小师妹"。作为"小师妹"的我和长我逾辈的"顾兄"之间，感觉距离一下拉近了许多。我们一起喝茶、聊天、品尝老先生最爱吃的淮扬菜，此三样成为我们"忘年交"的主要内容。

顾骧先生经常和我讲起他 14 岁参加革命的经历，对此我可谓"耳熟能详"。他出生于江南封建大家庭，从小就有良好的家学濡染。全面抗日战争爆发后，年仅 14 岁的他毅然投笔从戎，参加了新四军，投身革命，在之后几十年的岁月中，他亲历和见证了我们民族历史上最波澜壮阔、艰苦卓绝的斗争，亲历了中华民族走向复兴道路上所经历的曲折和反复。顾骧先生早期主要从事革命宣传、教育、出版工作。他一生好学不倦，充满家国情怀。与他相处，总有一种学习上的压力和动力。他不断地学习和思考，即使是在聊天中，也会非常认真地以他特有的深厚理论功底和敏锐观察力，以一个资深文学评论家的风格，谈论他的观点和看法。据顾先生自己介绍，在他的成长和学习生涯中，最重要的经历就是 1959 年进入中国人民大学哲学系研究生班学习的三年，在这段时间他通过阅读康德的《纯粹理性批判》等哲学名著，提高了理论思维水平，掌握了理性思辨的基本方法，更重要的是，他在著名美学家马奇的指导下研读了马克思的《1844 年经济学哲学手稿》，这本书催生了他关于马克思主义一系列重要理论问题的思考，使他对马克思主义的理解又多了一个角度。这一段宝贵的学习经历影响了他今后的思想走向和文艺实践。

二

用顾骧先生自己的话说，他最早的工作岗位是做一个马克思主义理论工作者，从事马克思主义理论教学与研究工作。但是他一生中最钟情的还是文学，文学创作和文学评论的欲望和冲动伴随了他的一生。就像他常说的，自己骨子里是一个文人，"寄情于文学乃是我最大的乐趣"。

顾骧先生曾经在一篇《文学与生活之路》的回忆文章中自谦说："专门从事文学这一行，我起步晚。作为文学家，我建树微。但是对文学的爱好与兴趣的因子，却打小就在我身上滋生。""我读的文学书并不比读的理论书少。"他回忆自己最早"称得上文学"的作品是1953年在无锡《晓报》副刊上发表的一篇散文短章，但那只是偶尔为之，之后断断续续，写过一些散文歌剧。二十年兜兜转转，真正回到文学圈子，与文学结缘，是在粉碎"四人帮"以后。为了在文艺界揭批"四人帮"的反动路线，顾骧先生被从中央音乐学院调到文化部任理论组组长。那时恰逢"实践是检验真理的唯一标准"的大讨论在全国轰轰烈烈展开，顾骧先生凭借其深厚的马克思主义理论素养，站在时代潮流的前沿，积极参与了文艺界拨乱反正的思想解放运动，他的朋友们对他的评价是："不避锋芒，旗帜鲜明"，"起了很大作用"。

从少年参加革命起，顾骧先生始终置身于生活的激流之中。他以文艺为武器，积极投身于时代的变革。"文革"结束之后，为了打破文艺创作被政治禁锢的局面，顾骧先生写了大量的文艺理论和文学评论文章，努力厘清当时许多政治问题对文学艺术的纠缠和困扰。

顾骧先生对于自己钟爱的文学，可谓"吾爱文学，吾亦不负文学矣"，二十余载与文学的情缘和因缘，他努力以英雄救美的方式去呈现。

顾骧先生是一位公认的文学评论家。他在文史和马克思主义理论方面的深厚积累，使得他的作品无论是理论文章还是散文随笔，其思想内核和精神主旨，都体现着哲人的深刻洞察和理性思辨。他当年的许多文章，既有鞭辟入里的理性论证，又有深刻动人的个人感悟，显示出他对社会、人性的深刻洞察，至今读来仍然发人深省，令人深思。我们知道，三十多年前，顾先生那一代知识分子要站出来，大声疾呼"以人为本"，还是需要深刻的历史责任感和敢为人先的理论勇气的，到今天"以人为本"已经成为深入人心、不证自明的"公理"，社会的进步如此迅捷，老先生有一天跟我聊起这一点，也是感慨万千。他为自己能够亲眼见证我们民族的飞速进步和巨大变迁，感到万分欣慰！

顾骧先生对于文学的热爱堪称大爱，他不仅自己醉心于文学创作，乐于以评论和随笔的形式对于文学的健康发展予以及时点拨，而且关心青年文学家的成长，先后为许多文学青年的作品推荐作序，热忱提携培养。在他那里，文品和人品统一，道德与文章俱美。顾老与文学的一世情缘，真可谓感人至深！

三

顾骧先生是一个严肃认真的人。他的一生，无论是做人还是治学，都做到了"不唯上，不唯书，只唯实"，秉持自己特立独行的理性精神。

顾骧先生的认真首先体现在做人上。在他身上，中国传统道德所倡导的"温柔敦厚""发强刚毅"都得到了集中体现。

在日常生活和工作中，他与人为善，恭己恕人，纵然胸有千丘壑，秉笔点春秋，但你看不到一点睥睨天下的倨傲和恃才放旷的书生式狂狷。他总是那么谦卑自牧，温厚内敛，让你和他相处时没有一点负担，如沐春风。多年来他对于文学后进的提携被传为文坛佳话。我看了他给很多年轻作家写的评论文章，就像一个老师面对自己心爱的学生一样，他乐于发现和采掘他们的每一个闪光点。时时处处，字里行间，他对于文学后辈和文学发展的殷殷期待之情可谓破纸而出，昭然于世。在他身上，你看不到一点人们常说的"文人相轻"的陋习。与顾先生多年"忘年交"的过程中，我甚至经常感慨，一个在新中国思想文艺理论界曾经领一时风骚的顾老爷子，实在是个单纯、朴实、善良的人，一个不失赤子之心的好人。

但是，另一方面，他身上也有着中国传统士人不畏讥谗、敢为人先，以天下为己任的凛然正气和勇于担当。"山自重，不失其威峻；海自重，不失其雄浑；人自重，不失其尊严。"顾先生一生自尊自重，始终坚持独立思考。在对马克思主义一些重要理论问题的争论上，对于文艺界各种不同的声音，顾先生从来不会含糊其词、模棱是非，他总是旗帜鲜明地表明自己的观点，坚持自己的主张。他为人坦诚，重情重义，对待领导、同事和朋友，无论对方身居高位还是后来失意落寞，他都不卑不亢，不离不弃。

顾骧先生在治学方面的严谨也令人印象深刻。我曾经读过他的一篇名为《〈马克思恩格斯列宁斯大林论文艺〉编选得失》的文章，在文中，他连发珠炮，批判了"断章取义"和"掐头去尾"这两种对马克思主义经典著作的错误做法。他说，"断章取义"是一种实用主义的非科学方法。在这篇文章里，顾先生还讨论了马克思主义实践哲学主体性特征问题，也是咬文嚼字，指出《关于费尔巴哈的提纲》第一条的译文，因为"主体"被错译为"主观"的一字之差，曾给人们在思想上造成了长期的混乱和一场大的哲学论争，他质疑为什么会出现这样的误译。在这篇文章中，顾骧先生可谓态度鲜明，对其具体观点学术界可以见仁见智，有不同的看法和争论，但其中反映出的老先生严谨认真的治学态度和理论勇气，令人感佩。

四

在顾骧先生身上，真正体现了一个典型文化人、典型知识分子的风骨。

我曾经读过他的一篇文章——《从"文化人"到"知识分子"》，考据了从"文化人"到"知识分子"称呼及内涵的演变。他说："知识分子是一个外来词，在不同的国家有不同的定义。粗略说来，一种是宽泛的解释，类似我国通行的说法，即有一定科学文化知识，主要是从事脑力劳动的人；另一种是有确定性的界定，这就是知识分子应具有独立的人格而不依附权势，为文不作媚时语，具有自由思想而不迷信传统与权威，具有道德勇气和社会良知，心存社稷，对祖国和人民有着历史责任感，面对现实，敢讲真话，揭穿'瞒和骗'而无所忌惧。这种知识分子、文化人的界定，与我国传统文化中优秀的道德精神有着某种呼应。"在这些介绍完成之后，顾骧先生补充一句说："这正是我们今天文化守望者的价值取向。"当年看到这一段话的时候，我曾经感慨不已。顾骧先生一生低调内敛，绝少以高调示人。在自己写的各类文章中，他对别人的作品不吝赞美，但从不自我标榜、自我炫耀。上面这段话是难得的高调，但这种高调义正词严、掷地有声，这是顾老提出的对自我的期许，他是这么说，也是这么做的。在他身上，中国传统士人"为天地立心，为生民立命，为往圣继绝学，为万世开太平"的大丈夫式的担当，体现得非常明显。在顾老身上，分明看到我们民族文化传统中流淌的优秀基因在闪光。

顾骧先生把自己的人生追求和价值，定位为"文化守望者"，这曾是一个多么圣洁的词眼，但是今天，还有多少人像他那样珍视这样一种身份和定位呢？顾骧先生感叹说，文化人中也有各色人等，这也是一种价值取向，奈何不得，更强求不得。他还说，在世风人心浮躁的社会转型期，各种矛盾凸显，人们急切呼唤着社会的公平和诚信，而具有正义、良知和责任感的知识分子，恰恰显得特别珍贵。在他的很多文艺评论中，我们经常看到出现频率最高的几个词汇，比如：贴近生活、独立人格、反思精神……他认为这些都是一个有责任感的知识分子应该具有的特质和精神追求。公平地说，这些特质在顾骧先生身上都有体现。

在诸多他所推崇的知识分子的优秀品格中，他特别推崇反思意识，这也体现了他马克思主义理论工作者的职业特点。他说："反思意识是与怀疑意识、批判意识、忧患意识等一起，属现代文明的一种理性精神，人生不能没有反思精神。一个国家、民族、政党，若是缺少反思意识则是没有希望的。人类就是在不断反思中不断前进的。"他认为，一个文艺工作者应该对历史和人民负责，而负责的方式之一就是反思，通过塑造文艺作品形象反思。不仅要自己反思，更要提醒和联合大众一起反思。反思中才有清醒，才有成长，才有希望，才有未来。

黑格尔曾经说过：哲学的认识方式只是一种反思——意指跟随在事实后面对既有经验和现实对象的反复思考。顾骧先生的一生与哲学和文学相伴，学习和思考贯穿了他的一生。在他身上，兼具哲人的思辨和文人的才情，深刻的反思意识和对现实人性的强烈关注，使他能够超脱所处时代和个人的局限，着眼于大历史，着眼于新时期的文艺发展。今天，我读他二三十年前的一些理论著作，仍然感到很有意义和启发，所以经常忍不住会想，以顾骧先生的天资和勤奋，如果他把全部精力用于做一个普通的大学教授，他这一生，该会怎样？

顾骧先生还有一个嗜好，那就是饮茶。他有一把宜兴紫砂茶壶，里面结着厚厚的茶垢。我和他相识二十多年了，每次去他那里，总能看到这把茶壶静静地、万年不变地摆在那个老地方，他每次都用这把茶壶泡茶招待我。我们喝着茶，聊着天，讨论着各种思想理论问题。有一次我提醒他，他才惊觉那把茶壶已经陪伴了他那么多年！这就是顾先生，对于他所珍视的一切，诸如文学、文化、国家和民族的命运……还有那把紫砂茶壶，他都是小心翼翼地精心呵护啊！

"我14岁参加革命"这句开场白，在我们二十多年的忘年交往中几乎每次见面时都要出现。在他生前，我就经常想，他为什么总爱提这件事，他并不是一个爱炫耀自己的人，应该也不是想在别人面前要面子、摆资历。这句话已经成为他的无意识表白，为什么呢？想想他的那把老茶壶，我好像又有点明白，也许那就是了，这，就是他的另一把极其珍视的"紫砂茶壶"了，这是他对自己年少时就毅然选择的热血理想始终勿忘初心的忠实告白吧！

顾老去世前一周，我去医院看望他，他脸色红润，说话中气十足，精神头很好。当时医生告诉我他可能时日无多了，我根本就不相信。顾老去世后，有人告诉我："顾老曾经说过，你是他生前最看重的人之一。"这句话让我不胜惶恐，以顾老的名望和功力，加我以青眼，实在是对我的巨大褒奖，愧不敢当！当然我也知道，顾骧先生一生心怀天下，以提携培养后辈为己任，他对我的褒奖是前辈对后辈的提携，是老师对学生的爱护，还有，殷殷期望……

在我眼里，作为老革命者的顾骧先生，襟怀坦荡，一身正气；作为知识分子的顾骧先生，坚持文化守望者的操守，积极推进民族文化事业的复兴与繁荣。这些都是加在顾骧先生身上的光环。与此同时，我也知道，作为一个普通人的顾骧先生，也有自己的失意和委屈。对此，我也不知道应该怎样劝解和安慰他。我想到了恩格斯提出的历史合力论。恩格斯说："无论历史的结局如何，人们总是通过每一个人追求他自己的、自觉预期的目的来创造他们的历史，而这许多按不同方向活动的愿望及其对外部世界的各种各样作用的合力，就是历史。"所以顾兄，你常说自己"位卑未敢忘忧国"，怀疑自己没有实现担当文化守望者的责任和抱负，但是历史的发展是合力的结果，这个合力中肯定已经有了你的一分力量。无论如何，个人的力量一定会融化在这个合力中，消融在历史的长河中。

生命川流而电逝，古今中外概莫如此，看到这一点，一切都放下吧。您能在七十余载革命工作生涯中不忘初心，奋发有为，是令我辈深深折服的成功典范！

（本文写于 2015 年 6 月）

知人善任的"孺子牛"

——忆朱开轩同志

朱开轩同志是我在国家教委工作期间的一位老领导，他已经走了，永远离开了我们……

我很难过，也很惋惜。

在我心目中，开轩同志是一个有大局意识、坚持原则、忠诚于党和人民事业的优秀共产党员；一个几十年如一日，为新中国教育事业的发展兢兢业业勤耕不辍、生命不息奋斗不止的教育工作者；一个把国家的"科教兴国"战略挂在心头、扛在肩头，扎扎实实、脚踏实地在教育领域贯彻实施的"孺子牛"；一个运筹帷幄、精于规划，擅长攻坚克难的将帅；一个关心下属、知人善任的好领导；一位心细如发、洞察秋毫的智者；一位和蔼可亲、善良敦厚的长者……

他的离去是教育界的巨大损失，我们失去了一位懂教育、爱教育，既有丰富实干经验，又充满深厚家国情怀的教育家，而我个人，也从此失去了一位总能在关键时刻寻求建议和帮助的、值得敬重和爱戴的师长。

开轩同志曾经是一名军人，他的军旅生涯深刻地影响了他的工作方式和领导方式。忠诚坚韧、勤勉高效、缜密务实，这些优良品质在他身上有着深刻的体现。应该说他是一个将帅之才。在工作中，他既能总揽全局、顾全大局，做好整体战略规划，又善于盯重点，抓难点，有条不紊地攻克难关。他把坚忍不拔的气质和攻坚作战的方式带到工作中，通过大量的实地调查，准确把握义务教育、高等教育、职业教育、师范教育、研究生教育等教育领域，以及推进素质教育过程中存在的矛盾和问题，根据国家经济社会发展的需要和财力条件，量入为出，稳妥细致地确定解决的政策、步骤和办法。他眼光长远，在20世纪90年代就提出高等教育必须走内涵式发展道路，要规模适当，结构合理。他高度重视职业教育和师范教育，作为国家教委主任，身先士卒主抓义务教育，倡导素质教育和美育，反对简单地将教育产业化、市场化，反对教育目的功利化，等等。他的长远眼光还表现在重视教育立法，积极推动把党和国家关于教育改革发展的目标、方针、政策以法律形式全面固定下来，上升为国家意志。在他任国家教委主任，以及后来任全国人大教育科学文化卫生委员会主任委员期间，他不仅积极为发展教育事业奔走呼吁，营造舆论环境，争取各方力量的支持，而且着力推动教育立法，为建立起有中国特色的教育法律法规体系的基本框架、推动依法治教做出了不懈努力。中国的教育事业发展到今天的规模和水平，尽管还有许多不尽如人意之处，但我想，只有亲历了那段过程的人，才能更深切地体会其中的困难。在 20 世纪八九十年代，中国的改革开放事业刚刚起步，百废待兴，到处都需要用钱，国家能够给教育提供的财政支持十分有限，在这样人、财、力都极其有限的条件下，在有着世界最多人口的发展中国家普及和发展教育事业，确实要克服很多困难。

开轩同志为我国教育事业的发展倾注了毕生的心血和智慧。作为他曾经的老部下，客观地评价他，可以说他几十年如一日，甘做中国教育事业发展的铺路石，是我国改革开放以来教育事业发展历程中的一位功臣，在新中国的教育发展史上留下了深深的足迹！

在国家教委工作期间，我曾在开轩同志领导下工作了八年。八年时间耳濡目染，从思考问题的角度到解决问题的方法，学到了很多。翻开旧日的记忆，除了重新感受他为人处世的温和敦厚和严谨正派，钦佩他坚持原则且细致稳妥的领导艺

术，还充满着满满的温暖与感动，这种温暖与感动是每一个曾
在他身边和领导下工作过的人都曾经历过和感受到的。这里记
下开轩同志给我留下的印象最深刻的几件事，以此纪念和缅怀
这位令人尊敬的领导和前辈。

一

1989 年 4 月，我从高校调到国家教委思政司工作，当时
开轩同志任教委副主任，是主管高等教育的领导。当年下半年
开学不久，根据工作安排，我们开展了关于高校青年教师队伍
建设的调查研究，我承担了调研报告的起草工作。那时我刚调
到国家教委工作不久，接到这个任务后，心头的惶恐和压力可
想而知。经过三个月的紧张调研，我撰写了一份关于高校青年
知识分子和青年教师队伍情况的 3000 多字的调研报告。这份
报告完成后，有关领导非常关注和重视，建议进一步深入调研
修改后，以内参的形式上报。开轩同志不仅非常认真地看了报
告，对进一步深入调研和做修改也提出了意见和建议。这一切
对初出茅庐的我来说是巨大的支持。

1990 年初春，正是乍暖还寒的时候，国家教委在西安开
会。在这次会议上，开轩同志专门增加了一项议程，就是在陕

西省高校中对青年教师队伍建设工作做调查研究。西北的初春，大地还是一片肃杀。开轩同志带着我们几个冒着细雨，走访陕西高校，和青年教师、省市及学校领导座谈，听取各方面的意见，同时也对高校的办学条件和发展情况进行考察。在调研过程中，吃饭问题都是在学校食堂解决，按照开轩同志多年坚持的惯例，绝对不允许超标，住宿就在地方或者高校的招待所。我印象特别深的是在西北农林学院的学生食堂就餐时，由于已经停止供暖，天又下着小雨，饭菜从学生的大灶取来时已经不热了，学校领导和省高教局陪同的领导有点难为情，但开轩同志什么都没说，直接拿起筷子吃饭，其间还就学校办学困难的问题进行了解。开轩同志的工作态度，让我们一行人非常感慨。

在调研过程中，开轩同志曾就某一个问题在不同的场合反复征求建议、看法，他认真的精神、严谨的作风，使我深受教育。之后，这篇凝聚了学校干部、教师，以及教委很多领导心血和智慧的调研报告，以"内部参考""内参选编"等形式被转载。

通过这件事情，我深刻体会到了这位老领导廉洁、自律、缜密的工作作风，看到一名共产党员、党的高级干部高度的党性意识，以及对人民教育事业的高度责任感。他重视青年、关爱青年，不失原则。他的政治意识使他面对纷繁复杂的难题时能把握主要矛盾，理出解决问题的头绪，形成具有可行性的思路。

二

刚到国家教委工作的时候，我还住在原来所在高校的筒子楼里。那时我爱人在国外，孩子也小，居住条件比较困难。最重要的是，那时教委工作非常繁忙，加班、熬夜写稿子是常事，特别是我所在的司局任务非常特殊，应急出勤任务多，经常要请家里老人帮忙照看孩子。我有时跟同事开玩笑说，我们家是"一人忙活，全家陪着"。那时国家教委的住房问题也非常紧张，我一直也没向组织提出住房要求。后来这件事情不知怎么传到了开轩同志的耳朵里，他主动向委里有关部门打招呼，经过协调，给我分了一套在那个时期非常宝贵的单元房。

事后听委里好几个同事都谈及开轩同志关心他们、帮助他们解决困难的事，最让我们感动的是这些事情他为大家做了，但是从来没在我们面前提起过。事隔很久，有人谈到开轩同志虽在教委任职多年，但很长时间住的都是在北航工作时分配的一套面积很小的房子。

　　还有一件事我记忆非常深刻。也是我到教委工作不久，我爱人申请到国家留学基金委一个希腊公费留学项目。希腊当地生活费用很高，国家公派留学生每个月的生活费用是统一标准，国家给的每月生活费仅够在那里支撑一个星期。他到希腊后，通过大使馆向家里转告了这个情况，并说考虑到那里的具体情况，打算买机票回国。那时公派留学的机会很珍贵，各方面都认为放弃这个机会太可惜了，于是我通过教委国际司反映了这个情况。国际司有关负责同志告诉我，这种情况不是个例，也有其他国别公费留学人员反映类似情况，他们会认真研究。没想到才隔不到一周，这个问题就得到了解决。

　　事情过去后，有一次开轩同志遇到我，和我谈起这件事。他说我们国家不富裕，但是再穷，也不能让留学生在外面不体面。当时我仅是在教委工作的一名普通干部，听到他的这番话，感动得无以言表。

　　这是我刚调到教委工作不久遇到的两件事。类似的经历从我很多同事那里也听到过。开轩同志确实是一个非常好的领导，对下属关心、爱护，细致且周到，为属下做了事、解决了问题从来不会告诉你。回忆在他领导下工作的几年间经历的许多事情，心里充满了深深的感动和无尽的温暖。

三

1998 年，开轩同志卸任国家教委主任一职，就职全国人大教育科学文化卫生委员会主任委员。从那以后，直接联系就少多了，主要是从电视和简报里了解他的工作动态，如他对大力发展职业教育的关注、关心民办教育立法等等。

2005 年，我受组织委派入疆工作。去新疆之前，我去全国人大拜访开轩同志，向他辞行并请教。开轩同志不仅嘱咐我对即将面临的新的工作领域的困难做好充分思想准备，还根据他对新疆发展的了解，提出要把握好几个方面的重点，一个是普及"两基"教育，另一个是要重视发展职业教育。他说"两基"教育主要依靠各级政府，同时应该积极争取国家专项基金的支持；职业教育是关系新疆发展和稳定的重点，特别是关系到解决就业问题和经济社会发展中高素质劳动力的问题，意义重大，一定要下大力气抓准抓好。

到自治区工作后，最初三个多月时间里，我的主要精力和工作内容就是调研。通过实地调研走访，结合开轩同志给我提的意见和建议，我很快对自治区发展职业教育的路径形成了比较成熟的思路，在向自治区领导汇报后，得到了认可，为我开展工作、打开工作局面奠定了良好的基础。

在新疆工作期间，开轩同志曾到自治区调研，我向他汇报了新疆推动职业教育发展的思路、做法和成果。他对自治区重视发展职业教育，探索符合新疆地区实际的职业教育模式，走有特色的职教发展路子给予肯定，提出教育一定要紧紧围绕地方经济和社会发展做服务，紧紧围绕自治区的特色产业、特色经济发展制定改革教育措施。同时，他还建议要加大政府对职业教育工作的统筹力度，统筹制定相关政策措施，配置各类教育资源。他对自治区加强顶层设计，高位推动、统筹教育和劳动两大部门抓职业教育的做法给予充分认可，还特别考察了新疆四大职教园区建设的成果，以及推动"双证制"和校企合作办学方面取得的经验。开轩同志鼓励我们再接再厉，认真总结经验，推动自治区职业教育不断创新发展。

回忆在开轩同志领导和指导下工作的往事，一幕幕宛如发生在昨天。恍惚依稀间，还能看见他每天早晨带一盒午饭来上班时的样子，看见他每天读英文版《中国日报》时的专注神情，他的音容笑貌仿佛还在眼前，能听见、看见……

在我心里，他是一位令人永生难忘的领导和师长。

回首过去，在我成长的道路上，曾遇到过许多良师益友，他们都曾从不同的方面教会我很多。从老领导开轩同志身上，我看到的是一名共产党员的忠诚，看到他对党和国家教育事业的无私奉献，看到他对部下的关心，体会到他对同志春天般的温暖。如今，我也进入即将退休的年龄，回想一路走来的工作岁月，值得庆幸的是，尽管自己能力有限，所做甚微，但对开轩同志那样的老党员、老领导，我始终追随。

　　谨以此文，缅怀和纪念老领导开轩同志。

（本文写于 2016 年 12 月）

我的"一字师"领导

——忆何东昌同志

　　距离去年 1 月 23 日何东昌同志逝世已一年有余。东昌同志是我的老前辈、老领导，作为他曾经隔着几个层面的下属，我和东昌同志的直接接触虽然不多，但在接触中的点点滴滴却给我留下了深刻的记忆。

　　我于 20 世纪 80 年代后期到当时的国家教委工作。东昌同志时任国家教委党组书记。初到国家教委，从同事们的言语中，我对东昌同志的初步印象是："老学运"、"老地下党员"、政治上敏锐、对下属要求严格、不苟言笑等等。他是国家教委的老领导，我作为晚辈、下级，在具体工作中，对于他的正直、严谨、认真，深有感触。

　　记得 2010 年 11 月左右，东昌同志病重住进医院，当时我已调至新疆维吾尔自治区工作。听说他因病住院，我就想找机会看望他。因为 2005 年我去新疆工作时，虽然没来得及与东昌同志辞行，但东昌同志托人给我带话，表示很关注。在新疆工作期间，我从很多同志那里了解到，东昌同志关心我并曾多次了解我的情况，希望我一切顺利。

东昌同志给我印象深刻的不仅仅是他的政治敏锐性和坚定的党性原则、鲜明的立场，以及缜密、严谨的工作态度，还有他高超的工作水平。我到国家教委工作后，别人告诉我在机关工作要过几关，首先就是文字关，要会写报告、写签报、起草文件稿等。在教育部工作近二十年，起草或参与起草了不少领导讲话稿。但东昌同志的讲话除了需要提供素材资料外，一般不用别人代为起草。我的看法是，他的讲话稿第一是不用别人写，第二是别人也写不了，第三是只要做好他的讲话记录整理工作即可。他习惯讲短话，文字少，句式短，文字高度精练，在精悍的文字中又凝聚了高度的思想性，足见其深厚的理论功底、文字功底和缜密的思维。所以每逢开会，我们只要把东昌同志的讲话记录整理好，就是一篇逻辑完整的讲话稿了。东昌同志的理论功力深厚，我感触尤深。我们写给他的签报一定不能过长。我记得在当时的国家教委工作时，我曾起草过一篇高校青年教师思想政治状况的调研报告。当时调研用了三个月时间，报告的初稿我写了一万多字。司里的老领导告诉我说报告太长了，要是给东昌同志看，就要缩减成 3000 字左右。于是我又花了半个月的时间，把这篇调研报告缩减成 3000 字，报给了东昌同志。他和其他部委领导对这篇调研报告高度重视和肯定。后来这篇调研报告经过从司领导到东昌同志等多个部委领导的修改斧正，在包括新华社内参在内的诸多刊物上得以发表，并引起了上级领导的重视，得到了多位时任中央领导的批示。当然，这篇凝聚了众多领导和专家学者智慧的调研报告也奠定了我在国家教委工作进步的一个良好基础。

在东昌同志领导下工作的那几年，经历了一些事，随着时间流逝，记忆基本模糊了，但有一件事我至今记忆犹新。有一次，根据东昌同志指示，我陪同一位司领导到一所高校调研。调研后，我写了一篇 300 字的情况签报，东昌同志给予了高度肯定。不过，他在签报中的一个别字上画了一个大大的圈，还在旁边工工整整地写了正确的字。当时这份签报经过处、司领导逐层审阅，都没有发现这个别字。签报到东昌同志手里，这个别字却被东昌同志找出来了。我知道，东昌同志每日要批阅如山的签报，如此敏感于一个别字，令我难忘。如今，每每写到这个字，我都会想到那份签报，想到当初东昌同志纠正这个字的情景。到今天，我仍然会写错字别字，但这个字我再也没有写错过。回顾往事，东昌同志的身教和他严谨、缜密的工作作风，以及对我的关心、帮助，使我受益匪浅。他是我的老领导，虽然我们之间接触有限，但他留在我记忆中的一幅幅画面让我始终难以忘怀。2013年4月，我从新疆维吾尔自治区的岗位调到中国人民大学工作，东昌同志那一代老共产党人对党的事业的忠诚、坚定的党性和做人处事的原则性，还有他们严谨的工作态度和务实的精神都无时无刻不在鞭策着我。东昌同志虽然已离开我们，但是，与他有限接触的一些往事，犹如昨日，历历在目，唯愿能够在老一辈教育工作者精神力量的激励下，在高等教育领域做出一番新的事业。

（本文写于2015年2月）